दीपक योगी

दीपक जोगी का जन्म 4 सितम्बर, 1955 को हुआ। उन्होंने बी.कॉम. किया। एल.एल.बी. की उपाधि भी प्राप्त की।

पिछले कई वर्षों से कुंडलिनी जागरण, सम्मोहन व परामनोवैज्ञानिक शक्तियों पर साधनारत। हिमालय के प्रति अदम्य आकर्षण के वशीभूत बार-बार यात्राएँ। अध्यात्म के गूढ़ रहस्यों के सत्यान्वेषण के प्रति समर्पित। शक्तिपात दिशा एवं विधा के वैज्ञानिक।

अन्तरराष्ट्रीय कुंडलिनी रिसर्च केन्द्र, स्विट्जरलैंड द्वारा कुंडलिनी रिसर्च के लिए विश्व के 50 योगियों में चयनित। बंगलौर के नेशनल इंस्टीट्यूट ऑफ़ मेंटल हेल्थ एंड न्यूरो रिसर्च केन्द्र में 6 से 11 सितम्बर, 1995 तक आधुनिकतम कम्प्यूटरों द्वारा वैज्ञानिकों ने अनुसन्धान हेतु जिन योगियों का चयन किया, उनमें एक।

अन्तरराष्ट्रीय सहयोग परिषद के प्रतिनिधि मंडल के साथ मॉरीशस में हुए प्रवासी भारतीयों के सम्मेलन में हिस्सेदारी। अन्तरराष्ट्रीय योग परामनोविज्ञान संस्थान के संस्थापक। विभिन्न प्रतिष्ठित पत्र-पत्रिकाओं में लेख प्रकाशित।

अनाम योगी की डायरी

दीपक योगी

राधाकृष्ण पेपरबैक्स

पहला पुस्तकालय संस्करण
प्रकाशन संस्थान, नई दिल्ली
1996 में प्रकाशित

राधाकृष्ण पेपरबैक्स में
पहला संस्करण : 1999
पाँचवाँ संस्करण : 2023

राधाकृष्ण पेपरबैक्स : उत्कृष्ट साहित्य के जनसुलभ संस्करण

राधाकृष्ण प्रकाशन प्राइवेट लिमिटेड
जी-17, जगतपुरी, दिल्ली-110 051
द्वारा प्रकाशित

शाखाएँ : अशोक राजपथ, साइंस कॉलेज के सामने, पटना-800 006
पहली मंजिल, दरबारी बिल्डिंग, महात्मा गांधी मार्ग, प्रयागराज-211 001
वेबसाइट : www.radhakrishnaprakashan.com
ई-मेल : info@radhakrishnaprakashan.com

बी.के. ऑफसेट
नवीन शाहदरा, दिल्ली-110 032
द्वारा मुद्रित

मूल्य : ₹ 150

ANAM YOGI KI DIARY
Travelogue by Deepak Yogi

ISBN : 978-81-7119-744-6

ब्रह्मलीन स्वामी विष्णु तीर्थ
व गुरुदेव श्री हरवंश लाल शर्मा
को सादर

दो शब्द

समझाना जितना सरल होता है, स्वयं को समझना उतना ही कठिन। सत्य, धर्म, अध्यात्म, जन्म, मृत्यु, रोग, जरा, ईश्वर, प्रकृति के विषय में कहना ऐसे ही होगा जैसे कोई नमक का पुतला समुद्र की थाह पाने चले। हजारों ऋषियों ने समयानुसार सत्य व असत्य की पहचान करने की कोशिश की है। वे हमें समझाते भी हैं, क्या आज तक हम समझ पाए ?

20 वर्ष की आयु में ग्रेजुएशन करते समय मैं गीता भी पढ़ने लगा। एक दिन गीता पढ़ते समय साधारण वेशभूषा में पं. हरवंश लाल शर्मा घर आए तथा बोले, गीता पढ़ता ही है या समझता भी है। मैंने कहा, गुरुजी कृष्ण बार-बार अर्जुन से कहते हैं कि तू योगी बन जा। योगी मुझे बहुत प्यारा है। मैं योगी बनना चाहता हूँ। विभिन्न योग व उसकी गूढ़ बातें मेरी समझ से परे हैं। बेशक आधी गीता कंठस्थ है, लेकिन कृष्ण जैसी चेतना नहीं।

गुरु बोले, अच्छा कल कुछ फल-फूल आदि लेकर घर आ जाना, तेरी कुंडलिनी शक्ति जाग्रत कर दूँगा। फिर तू कृष्ण जैसी चेतना को प्राप्त कर सकता है। अगले दिन गुरु के सामने आँख बंद करके, गायत्री मंत्र के साथ ईश्वर गुरु से कातर होकर प्रार्थना करने लगा। तभी शरीर में कंपन होने लगा। साँस धौंकनी की तरह चलने लगी, ॐ को विभिन्न दिव्य ज्योति के साथ नाभि में प्रवेश करते मैंने देखा। नाभि-सिर सारा रोम-रोम अद्‍भुत प्रकाश, शक्ति व आनंद से भर गया। गुरु ने कहा कि तेरी कुंडलिनी शक्ति का जागरण कर दिया है। यह शक्ति ब्रह्मांडव्यापी शक्ति के रूप में प्रत्येक व्यक्ति में सूक्ष्म रूप से अवस्थित है। मानव 2 प्रतिशत ही इस शक्ति का प्रयोग करता है। 98 प्रतिशत शक्ति सुषुप्त ही रहती है। कुंडलिनी शक्ति जाग्रत होने से व्यक्ति अपनी 98 प्रतिशत सुषुप्त शक्ति को जाग्रत करके ब्रह्म हो सकता है। इस शक्ति के बल पर अब तू स्वयं सत्य के अनुसंधान

में रत होकर गूढ़ रहस्यों को संसार के समक्ष प्रकट कर सकता है।

आध्यात्मिक गुरु ने ज्ञान की सारी परंपरा को धीरे-धीरे मुझमें प्रवाहित कर दिया था। नवंबर 1983 में गुरु ब्रह्मलीन हो गए। उत्तराधिकारी नियुक्त होने से मैं सोच में आकंठ डूब गया। नित्य नए अनुभव हो रहे थे। भौतिक, मानसिक व आध्यात्मिक तीनों रूपों में चिनगारी अपना कार्य कर रही थी। कभी काम, क्रोध, लोभ, मोह, अहंकाररूपी वृत्तियाँ हावी हो जाती थीं, कभी शांति, परोपकार, आनंद, त्याग की वृत्तियाँ। दो पाटों में पिसा यह यात्री आदर्श व यथार्थ में अंतर करने में असमर्थ था। जहाँ पत्नी, बच्चे, माता, पिता, बहन, भाई व सामाजिक रिश्ते-नातों का उत्तरदायित्व कंधों पर था, वहीं सत्य व स्वयं की तलाश भी हिलोरें मारती थी। सत्य की तलाश में पूरे भारत की यात्राएँ कीं; हिंदू धर्मशास्त्रों एवं गीता के साथ कुरान, बाइबिल व बौद्ध ग्रंथों का अध्ययन किया; यज्ञ, हवन, पूजा की; श्रद्धासहित सारे विधि-विधानों का पालन किया; पंडित, मौलवी व धर्मगुरुओं के पैरों में नमन किया; सामाजिक रीति-रिवाज, नैतिकता, खान-पान सभी को अपनाया। लेकिन मन, बुद्धि, चेतना तीनों को न साध सका। निरपेक्ष, साक्षी, अनासक्त भाव जाग्रत न हो सका।

सन् 1992 में यकायक लगा कि पशुओं की जिंदगी ही जी रहा हूँ। अंतःप्रेरणा थी कि जीवन का एक महान उद्देश्य है। अब एक महान उद्देश्य के लिए ही मुझे जीना है। मन में कुछ निरपेक्ष भाव आने लगे थे। भौतिक सुख-सुविधाएँ मुझे नगण्य महसूस हो रही थीं। जून 1993 में गैरिक वस्त्रों में तपोभूमि हिमालय के दर्शन करके स्वयं में ज्यादा होश और जागरूकता को मैंने पाया। इसी वर्ष निस्वार्थ, सर्वधर्म समन्वय, बंधुत्व, भौतिकता से अध्यात्म का उद्देश्य रखते हुए सार्वजनिक रूप से गैरिक वस्त्रों में रामलीला कमेटी अध्यक्ष के रूप में राम की मर्यादा व आदर्श को समाज में रखा। निर्भय होकर अपनी बात दूसरों के सामने कहने की कला मैं सीख चुका था। सन् 1994-'95 में फिर हिमालय की यात्राएँ कीं। सत्य की तलाश में हिमालय की गुफाओं में रहनेवाले साधुओं के साथ रहकर मुझे काफी राहत मिली। कलकल करती नदियाँ, हिमाच्छादित बर्फीली चोटियाँ, यहाँ के सीधे-सादे स्त्री-पुरुष, बच्चों को देखकर लगा कि यहाँ दिव्य आत्माएँ भावनानुसार व्यक्ति को ऊँचा उठाती हैं। पवित्रता, निस्वार्थता, सहजता से लगा कि इन

भावों को आत्मसात करके ही मानव सभ्यता की राह पर चला होगा। कला, संस्कृति, अध्यात्म, साहित्य, वेद-सृजन की उत्कृष्ट भावनाएँ यहाँ जन्मी होंगी।

दूसरे कुछ पहलू, जैसे अंधविश्वास, पाखंड, भौतिकतावाद, बनी-बनाई मान्यताएँ, अशिक्षा, गरीबी, अविवेकपूर्ण प्रकृति का दोहन तथा विज्ञान का अभाव यहाँ सर्वत्र दृष्टिगोचर हुआ। यहाँ के गाँवों में पीने का पानी, बिजली, सिंचाई सुविधाएँ, चिकित्सालय, विद्यालय, उद्योग-धंधों का अभाव है। केंद्र व राज्य सरकार के उपेक्षा भाव के कारण लगभग 70प्रतिशत युवा लोग मैदानों में जीवन-यापन के लिए पलायन कर गए हैं। वृद्ध, बच्चों के साथ यहाँ की स्त्रियों पर परिवार की अधिकतर जिम्मेदारी है। कुटीर उद्योग-धंधों व जल का समुचित उपयोग यदि यहाँ हो तो बेरोजगारी, गरीबी, अशिक्षा से मुक्ति मिल सकती है।

हिमालय की कंदराओं में रहने वाले लगभग 30-40 लोगों के साथ मुझे रहने, वार्त्तालाप करने तथा उनसे रू-ब-रू होने का अवसर मिला। यहाँ के अधिकतर गुफावासियों में काम, क्रोध, लोभ, मोह, अहंकार व भौतिकता हावी थी। तपोवन में तपोवन माँई, दिनेशानंद, वकील बाबा तथा बर्फानी बाबा से मैं प्रभावित हुआ था। बलराम आनंद योगी ने कायाकल्प नाड़ीशोधन, सूक्ष्म शरीर को बाहर निकालने की प्रक्रिया साक्षात् मुझे करवाई थी। सत्य की खोज की यात्रा में गुरु द्वारा दी गई कुंडलिनी शक्ति नित नए परिवर्तित रूप में प्रेरणा देने के साथ-साथ अग्रसर भी करती रही। फिर कहूँगा, यह गूँगे का गुड़ है जो वर्णनातीत है। दृढ़ निष्ठा, इच्छा, भाव, संकल्प व श्रद्धा से यह कदम-कदम पर रास्ता बताती है। विश्व व मानव-जाति को आज ऐसे शक्ति-संपन्न व्यक्तियों की आवश्यकता है जो खुद जाग्रत होकर हजारों व्यक्तियों में जागरण का शंखनाद कर सकें। तब ही ईर्ष्या-द्वेष, ऊँच-नीच, भेदभाव, संकीर्णता, अंधविश्वास, कर्मकांड, रीति-रिवाज, अराजकता, बाह्य आडंबर और युद्ध की विभीषिका के स्थान पर सहअस्तित्व, विश्व-बंधुत्व, समानता, शांति, समन्वय, निरहंकारिता व मानव कल्याण की भावना जाग्रत होकर, उन्नत मानव-जाति का निर्माण हो सकता है।

सत्य एवं असत्य क्या है ? इसको बताया नहीं जा सकता। समय और परिस्थिति के अनुसार यह परिवर्तित हो सकता है। ईश्वर का अस्तित्व अनाम है। इसको क्या नाम दिया जा सकता है ? क्या इसको धर्मशास्त्र अथवा कोई भी व्यक्ति जान सकता है ? निश्चित ही नहीं। यह खोज नित्य चलती रही है और आगे भी चलती रहेगी।

अंत में, अपने पिता श्री ज्योति प्रसाद, माता श्रीमती मुन्नी देवी जिन्होंने भौतिक शरीर दिया, निराकार परमेश्वरस्वरूप इष्ट शिव जिन्होंने संबल दिया, गुरु जिन्होंने आध्यात्मिक पथ पर अग्रसर किया, जनकतुल्य श्री रामगोपालजी जिन्होंने मेरी भौतिक जीवन नैया को पतवार दी, अर्द्धांगिनी सरिता जिसने पारिवारिक उत्तरदायित्वों से मुक्त करके रास्ते पर बढ़ने की प्रेरणा दी तथा भाई राजकुमार जिसने लक्ष्मण की भूमिका अदा करके मुझे कर्त्तव्य-मार्ग पर बढ़ने में सहयोग दिया, इन सबका मैं ऋणी हूँ।

इसके साथ ही डॉ. महेंद्र मित्तल जिन्होंने मुझे लिखने की प्रेरणा दी व अनाम योगी कहा, श्री अशोक अग्रवाल, श्री नफ़ीस आफ़रीदी और मसरूर हसन जिन्होंने कदम-कदम पर मेरे संस्मरणों को पढ़कर किताब का रूप दिया तथा अपने उन सभी आत्मीय मित्रों का आभार जिन्होंने इस पुस्तक के लिखने के दौरान निरंतर मुझे प्रेरित और उत्साहित किया।

नित परिवर्तनशील दुनिया के साथ बहता रहूँ, इसी इच्छा के साथ।

–दीपक योगी

क्रम

1

प्रकाश की ओर : ऋषिकेश

उत्तराखंड की यात्रा करने का यह तीसरा अवसर था। सबसे पहले मैंने सन् 1987 में संपूर्ण उत्तराखंड—यमुनोत्री, गंगोत्री, केदारनाथ और बद्रीनाथ की यात्रा 'दिल्ली टूरिज्म' की एक बस से की थी। उस समय देव-दर्शनों की अभिलाषा मात्र ही मुझे उत्तराखंड खींच ले गई थी। 'टूर' एक निश्चित अवधि का था, इसलिए मैं उत्तराखंड की पवित्र भूमि व इसके देव-स्थानों को सहज उत्सुकता और श्रद्धा के साथ ही देख पाया था।

उत्तराखंड की पवित्र भूमि ने मुझे अभिभूत तो किया, परंतु मन-की-मन में ही दबी रह गई थी। अर्थात् पवित्र और प्रसिद्ध देव-स्थानों के बारे में गहराईपूर्वक नहीं जान सका था। अतएव 2 जून, सन् 1993 को अपने दो मित्रों—के. पी. सिंह (एडवोकेट) और विश्वासपात्र सहयोगी रवींद्र के साथ मैंने उत्तराखंड की दूसरी बार यात्रा की।

इस बार की यात्रा से जहाँ मैंने देव-स्थानों के बारे में विस्तृत जानकारी प्राप्त कर अपने मन को संतुष्ट किया, वहीं मुझे कुछ अन्य विशेष अनुभव भी हुए। गंगोत्री से गौमुख के मध्य मेरा अनेक सिद्ध पुरुषों से साक्षात्कार हुआ था। उनसे मैंने भारतीय अध्यात्म के गूढ रहस्यों की जानकारी हासिल करने की कोशिश की थी। उन सिद्धों में से कुछ से तो मैं इतना अधिक प्रभावित हुआ था कि मुझे अपनी जीवन-धारा बदलती-सी प्रतीत हुई थी। उनसे प्रेरित होकर मैं अपने जीवन-उद्देश्य में परिवर्तन का इच्छुक हो गया था।

गंगोत्री से गौमुख और केदारनाथ-बद्रीनाथ के मध्य मुझे जिन सिद्ध पुरुषों के दर्शनों का लाभ प्राप्त हुआ था तथा जिनसे मैं प्रभावित हुआ था, उनमें से कुछ प्रमुख हैं—बर्फानी बाबा, ओमगिरी बाबा, टाट बाबा, लाल बाबा, स्वामी गंगादास इत्यादि। ये सिद्ध पुरुष संसार कल्याण के महान

उद्देश्य से, मानव मात्र की तथा स्वयं की मुक्ति के लिए संसार से दूर निर्जन गुफाओं में घोर शीत और ताप सहन करते हुए साधनारत हैं। मैंने उनके साथ अपना बहुत कम समय व्यतीत किया, लेकिन फिर भी मुझे योग की महान शक्तियों का प्रत्यक्ष अनुभव हुआ। मैंने उसी समय यह निश्चय कर लिया था कि भविष्य में फिर कभी उत्तराखंड की यात्रा करूँगा और इन सिद्ध पुरुषों के साथ कुछ समय बिताकर अपने अनुभवों को लिपिबद्ध करूँगा।

...तो सिद्धों के साथ कुछ दिन मैं भी किसी गुफा में रहकर चिंतन-मनन कर अपना एवं समाज का कुछ कल्याण कर सकूँ, इसी एक प्रबल इच्छा के वशीभूत होकर मैं अपने साथी रवींद्र के साथ दिनांक 31 मई, सन् 1994 को दोपहर ढाई बजे उत्तराखंड की यात्रा पर रवाना हुआ।

...हालाँकि मेरी पत्नी सरिता आज मुझे यात्रा पर जाने देना नहीं चाह रही थी। उसके अनुसार आज सवेरे से ही अपशकुन हो रहे थे। आज सवेरे हमारे नए बन रहे मकान की छत पर जाल डालते समय एक मजदूर-मिस्त्री तीसरी मंजिल से नीचे गिर पड़ा था। उसे गंभीर चोट लगी। उसे लेकर मुझे भी व्यस्त और चिंतित रहना पड़ा। किसी प्रकार उससे निपटकर यात्रा की तैयारी में व्यस्त हुआ तो असावधानीवश 'टेबिल-लैंप' के नंगे, गर्म तार से छू गया। हल्का-सा करंट मात्र ही लगा और भाग्यवश मैं बच गया, वरना प्राणों का संकट भी उत्पन्न हो सकता था।

लेकिन मेरे हठ के समक्ष किसी की नहीं चली। यात्रा के लिए मेरा उत्साह तनिक भी मंद नहीं पड़ा और मैं सारी रुकावटों को अनदेखा करता हुआ उत्तराखंड की यात्रा के लिए आज ही प्रस्थान करने के अपने निश्चय पर दृढ़ रहा। विवश होकर सभी सहमत हो गए। सरिता को भी मानना पड़ा। अम्मा तो मंदिर जाकर मेरे सकुशल यात्रा पूरी कर लौटने की कामना का प्रसाद भी चढ़ा आईं।

प्रायः सभी लोग अपने जीवन में कभी-न-कभी तीर्थयात्राएँ करते हैं। प्रकृति एवं मंदिरों के दर्शन करते हैं। उपासना तथा दान इत्यादि करते हैं। लेकिन मैं जब इस बार उत्तराखंड की यात्रा पर निकला हूँ तो कुछ भिन्न उद्देश्य लेकर ही। पहली और दूसरी यात्रा के समय मेरे मन में देव-दर्शनों की जैसी उत्कट चाह थी, वैसी अब नहीं है। अब तो मैं प्रकृति और सिद्ध पुरुषों की निकटता में अपने मन का अवलोकन कर अपने जीवन के लिए

दिशा निर्धारित करने की तीव्र इच्छा लेकर ही जा रहा हूँ। दूसरे शब्दों में, कुछ दिन एकांत में बिताकर अपने मन की थाह पा लेना चाह रहा हूँ।

अपनी पूर्व यात्राओं के अनुभवों से सबक लेते हुए मैंने इस बार अपने साथ सिर्फ तीन जोड़ी गेरुआ वस्त्र, एक काली गर्म चादर, एक आधी तथा एक पूरी बाजू का स्वेटर और रात को सोने के लिए दो जोड़ी पायजामा लेना ही पर्याप्त समझा। गेरुआ वस्त्र इसलिए कि तपोभूमि में साधु वेश में रहने से सिद्ध पुरुषों से निकटता स्थापित करने में सुगमता होगी। अपनी पहली यात्रा में मैंने यह महसूस किया था कि मेरे कीमती, तड़क-भड़क वाले वस्त्रों ने मेरे और सिद्ध पुरुषों के बीच एक अभेद्य दीवार-सी खड़ी कर दी थी, जो मेरे लाख प्रयत्न करने पर भी गिर नहीं पाई थी, फलस्वरूप मैं उनसे ज्ञानामृत प्राप्त करने से वंचित रह गया था। अनुभवी सिद्ध पुरुषों से दिव्य ज्ञान प्राप्त करने के लिए मुझे उनसे निकटता स्थापित करने की कुछ पहल तो करनी ही होगी ! इसके अतिरिक्त गेरुए वस्त्रों का चमत्कारिक प्रभाव मैंने स्वयं अनुभव किया है कि उन्हें पहनने से मन में परम शांति बनी रहती है। मन का झुकाव सदैव सात्विकता की ओर बना रहता है। संभवतः इसका कारण संन्यासियों के जीवन से जुड़ी त्याग की महिमामयी कहानियाँ ही हैं।

हम हापुड़ के रोडवेज बस-स्टैंड से ऋषिकेश जानेवाली बस में बैठे। मेरठ से दस किलोमीटर पूर्व ही ग्राम फँफूदा के पास जंगल में वह बस खराब हो गई। ड्राइवर के लाख प्रयत्न करने पर भी जब बस ठीक न हो सकी तो कंडक्टर ने ऋषिकेश जानेवाली एक अन्य बस को रोककर हमें उसमें बिठा दिया। पर 'कानी के ब्याह को सौ जोखों' की कहावत को चरितार्थ करते हुए वह बस भी हरिद्वार से पहले ही खराब हो गई। बस बीच सड़क में खराब हुई खड़ी थी। तेज गर्मी व यात्रियों के पसीने तथा उनके द्वारा किए जानेवाले धूम्रपान की बदबू से मेरा बुरा हाल हो रहा था। मेरा सिर भन्ना गया था और मितली जैसी आ रही थी। गर्मियों में बस का सफर कितना तकलीफदेह होता है, इसका मुझे प्रत्यक्ष अनुभव हुआ और मैंने सोचा कि शायद सरिता ठीक ही कह रही थी ! यात्रा के लिए मुझे निश्चय ही किसी और दिन का चुनाव करना चाहिए था। आखिर तीसरी बस से किसी तरह 'राम-राम' करते हुए हम ऋषिकेश पहुँचे।

ऋषिकेश को प्रकृति ने अपनी अनुपम शोभा प्रदान की है। चारों ओर फैली पर्वत-श्रेणियाँ, कलकल करती हुई पतित पावनी गंगा, अनेक मंदिरों और आश्रमों से सुसज्जित यह नगर हमारी उत्तराखंड यात्रा का प्रथम पड़ाव है। हरिद्वार और ऋषिकेश की यात्राएँ तो मैंने अनेक दफा की हैं। सन् 1986 में कुंभ के अवसर पर मैंने हरिद्वार और ऋषिकेश को भली प्रकार जान लिया था। 1986 के कुंभ मेले में हम लोग काली कमली वाले क्षेत्र में रुके थे। 'राधा माधव संकीर्तन मंडली' (हापुड़) के भक्तजनों की बस में मैं अपनी माताजी के साथ हरिद्वार आया था। सब लोग तो 6 दिन तक कुंभ मेले में कीर्तन करते रहे, लेकिन मैं सुबह ही अपने डेरे से घूमने के लिए चल देता था। हरिद्वार-ऋषिकेश को उसी समय पूरी तरह देखा। यहाँ के प्राकृतिक व आध्यात्मिक सौंदर्य को देखकर मन में देवभूमि हिमालय के सभी तीर्थों की यात्रा करने का निश्चय किया था। कुंभ मेले में पहली दफा शाही सवारी देखी थी जिसमें विभिन्न साधु-संतों के अखाड़े हजारों साधुओं के साथ निकले थे। सैकड़ों दिगंबरी नागाओं को देखा जिनकी जटाएँ धरती को छू रही थीं। मुझे बताया गया था कि ये नागा आध्यात्मिक उन्नति के चरम पर होते हैं लेकिन उद्दंड भी ये कम नहीं होते। पुलिस भी इनसे डरती है। बिना आज्ञा फोटो खींचनेवाले अनेक लोगों को मैंने नागाओं द्वारा पिटते देखा। उनका असली रूप जानने की इच्छा भी मन में जन्म ले चुकी थी। अतः प्रसंगवश इन नगरों का थोड़ा वर्णन यहाँ अधिक अनुपयुक्त नहीं होगा।

हरिद्वार अर्थात् हरि का द्वार। यह नाम इसलिए पड़ा कि बद्रीनाथ और केदारनाथ की यात्रा यहीं से शुरू होती है। उत्तराखंड की पवित्र भूमि में प्रवेश का यही द्वार है। यह स्थान देवताओं की क्रीड़ा-स्थली और तपस्वियों की साधना-स्थली माना जाता है। गंगाजी गौमुख से निकलकर समतल भूमि में सबसे पहले यहीं दिखाई दी हैं। हरिद्वार के कुछ प्रमुख दर्शनीय स्थल हैं—'हर की पैड़ी', 'दक्ष प्रजापति मंदिर', 'मनसा देवी मंदिर', 'चंडी देवी मंदिर', 'माया देवी मंदिर', 'भीमगोड़ा मंदिर', 'सप्तऋषि आश्रम', 'दूधाधारी आश्रम', 'साधु बेला आश्रम', 'शांति कुंज'। हरिद्वार में अनेक धर्मशालाएँ हैं। गंगा की मुख्य धारा को काटकर यहाँ गंग नहर बनाई गई है। 'गुरुकुल विश्वविद्यालय' और 'भारत हैवी इलैक्ट्रीकल्स' भी यहीं हैं।

हरिद्वार से उत्तर दिशा में केवल 24 किलोमीटर की दूरी पर है—ऋषिकेश।

सुना है कि महर्षि रैभ्य ने हृषिको अर्थात् इंद्रियों को वश में करके यहाँ तपस्या की थी, इसलिए इस स्थान का यह नाम पड़ा। ऋषिकेश का एक पुराना नाम कुब्जाभ्रक भी है। स्कंध पुराण में उल्लेख है कि एक बार रैभ्य ऋषि को विष्णुजी ने दर्शन दिए थे। वे उन्हें आम की एक शाखा पर बैठे हुए दिखाई दिए थे और आम की शाखा उनके भार से झुक गई थी। इसलिए इस स्थान का नाम कुब्जाभ्रक (कुबड़ी शाखा) पड़ा।

ऋषिकेश सदैव से ही ऋषियों की तपोभूमि रहा है। कहा जाता है कि विश्वप्रसिद्ध शंकराचार्य और रामानुजाचार्य ने यहीं रहकर तपस्या की थी। हिमालय का सौंदर्य, गंगा की पावन जलधारा, मुनि की रेती और अन्य वनों का एकांत ऋषियों के तप-चिंतन के सर्वथा उपयुक्त तो है ही।

ऋषिकेश के पूर्व में 'नीलकंठ' नामक स्थान है जो भगवान शिव की पुण्य-भूमि कहलाता है। ऋषिकेश में अनेक दर्शनीय स्थल हैं। यथा—'भारत माता मंदिर', 'त्रिवेणी घाट', 'गुरुद्वारा', 'लक्ष्मण झूला', 'कैलाश आश्रम', 'स्वर्गाश्रम', 'योग श्री पीठ' 'गीता भवन', 'परमार्थ निकेतन', 'शिवानंद आश्रम', 'रामझूला' आदि। 'भारत माता मंदिर' में सर्वधर्मों की पावन वाणियाँ दीवारों पर लिखी हैं और इस प्रकार वह सर्वधर्म समभाव का अद्भुत संगम है, तो लक्ष्मण झूला कितना अनूठा है ! 'स्वर्गाश्रम' एवं 'परमार्थ निकेतन' में लगभग पाँच सौ कमरे रहने एवं साधना करने के लिए निःशुल्क दिए जाते हैं। सैकड़ों साधक यहाँ रहकर गंगाजल के साथ-साथ प्राकृतिक और आंतरिक दिव्य-अमृत का पान करते हैं। 'शांतिकुंज' के दर्शनों से हमें भारत के गौरवमय अतीत की याद ताजा हो जाती है। यहाँ पर स्त्री-पुरुष संन्यासी वेश में रहते हुए 'गीता', 'वेद', 'उपनिषद' का अध्ययन करते हैं। खास बात यह भी है कि यहाँ औषधियों के पौधे उत्पन्न किए जाते हैं।

ऋषिकेश से देव-धामों की यात्रा के लिए एक अन्य बस-अड्डे से बसें मिलती हैं। अतएव टैंपो से वहीं पहुँचकर हमने पास के एक होटल 'दिग्विजय' में रात्रि-विश्राम के लिए कमरा किराए पर ले लिया।

आज के दिन पर दृष्टिपात करते हुए मैं सोच रहा हूँ कि यदि मन में किसी कार्य को करने का दृढ़ संकल्प हो और व्यक्तियों में लगन एवं साहस हो तो परेशानियाँ उनका मार्ग अवरुद्ध नहीं कर सकतीं। गर्मियों में दोपहर में मैं बिलकुल घर से नहीं निकलता हूँ। आवश्यक कामों को भी 'कभी फिर'

पर टालता हूँ, क्योंकि दोपहर में गर्म लू में रिक्शे में बैठना तक मुश्किल होता है। लेकिन आज असहनीय वातावरण में सात घंटे बस का सफर किया है। हाँ, एक परेशानी मुझे जरूर अनुभव हुई कि पैर लटकाकर बैठने में दर्द हो रहा है। शायद इसकी वजह मेरा रक्तचाप का मरीज होना है। मेरा रक्तचाप सही नहीं रहता है और यात्रा में अक्सर ही मेरे पाँव सूज जाते हैं। उत्तराखंड की यात्रा के प्रारंभ में ही यह दर्द ! पर मैं हतोत्साह बिलकुल नहीं हुआ। मन की उमंग के समक्ष ये परेशानियाँ तो मामूली बात हैं।

बस में बैठे हुए आज मैंने अपने मन में यह निश्चय किया था कि यात्रा में कम-से-कम भोजन करूँगा। इससे एक तो मेरा अपने बढ़ते शरीर और वजन पर नियंत्रण हो सकेगा, दूसरे, ठीक ढंग से सोच भी सकूँगा। भौतिक शरीर को स्वस्थ रखने से मन पर नियंत्रण संभव हो पाता है। प्रत्येक इनसान में भौतिक इच्छाएँ हैं। मकान, पैसा, बेटा, पत्नी, जमीन, खान-पान ये सभी भौतिक इच्छाएँ हैं। दूसरी मानसिक इच्छाएँ शिल्प कला, नाटक, कविता, साहित्य, खेल आदि हैं। इसके बाद आत्मिक या आध्यात्मिक इच्छा है। अपने स्वयं के अध्ययन-मनन-चिंतन में व्यक्ति जैसे-जैसे उन्नति करता जाता है वैसे-वैसे उसका रूपांतरण होता जाता है। इसलिए भौतिक इच्छा को कम रखते हुए मैंने रात के खाने में केवल एक रोटी-दाल और एक गिलास दही की लस्सी लेना ही पर्याप्त समझा।

एक अन्य अनुभव का मैं यहाँ उल्लेख करना चाह रहा हूँ कि, आज दिन में बस में चढ़ने-उतरनेवाली या अन्य राह में दिखाई पड़नेवाली स्त्रियों के प्रति मेरा नितांत उपेक्षा भाव रहा। पहले स्त्रियों को देखने मात्र से ही मुझमें काम-भावना का संचार हो जाता था। शायद इसका कारण मेरी वयस ही है कि मैं 'पर नारी लिलार गोसाईं' वर्जना की परवाह नहीं कर पाता। लेकिन आज जैसे मुझे दिव्य प्रेरणा-सी मिली कि मैं स्त्रियों में अनासक्त भाव रखूँ। इसलिए दिन-भर स्त्री-पुरुष दोनों के प्रति मेरा निरपेक्ष भाव ही रहा। स्वयं में आया यह परिवर्तन मुझे सुखद लगा और मैंने सोचा कि कहीं यह गेरुए रंग का ही प्रभाव तो नहीं !

इस समय होटल 'दिग्विजय' के कमरे में नहीं बल्कि कमरे के बाहर सैकिंड फ्लोर की खुली छत पर हमने अपना बिस्तर लगवाया है। शीतल, मदमस्त पवन बह रही है। ओढ़ी हुई चादर को बार-बार पवन उघाड़ देती

है। सब लोग अपने-अपने कमरों में सोए हुए हैं, लेकिन मैं अपने बिस्तर पर बैठकर बहुत कम प्रकाश में डायरी लिख रहा हूँ।

प्राकृतिक वायु में इस प्रकार बिना भयभीत हुए सोने का यह अनुभव मुझे लगभग बीस साल बाद मिल रहा है। सन् 1973-74 ई. में, जब मैं 'ग्रेजुएशन' कर रहा था, प्रतिदिन अपने घर के बाहर चबूतरे पर खुले में सोता था। तब गर्मियों के मौसम में अधिकतर लोग प्रकृति की निकटता में खुली छत या फिर खुली सड़क पर ही सोना पसंद करते थे। लेकिन आज भौतिक साधनों की प्रचुरता से ये प्रकृति से दूर होते जा रहे हैं। आज क्योंकि चोरी-डकैती-अपहरण का भय बढ़ गया है, इसलिए वे खुले में न सोकर 'पंखे', 'कूलर', 'एयर कंडीशन' में सोते हैं। भौतिक सुखों में ही हमारा सारा समय बीत रहा है। अनायास मुझे ईसा का कथन स्मरण हो आया और विचारधारा दूसरी ओर बह निकली–'यदि तुम्हारी धन में रुचि है तो ईश्वर को प्राप्त नहीं कर सकोगे। धन और ईश्वर का बैर भाव है।'

भारतीय अध्यात्म में तो प्रारंभ से ही ज्यादा धन का निषेध है। प्राचीन मनीषी ऋषि-योगी धन-संपदा के प्रति अनासक्त भाव रखते थे। बुद्ध, राम, महावीर ने अपार संपदा का त्याग किया था। उनका त्याग ही आज उन्हें अमर बनाए हुए है।

ऋषिकेश के एक होटल की छत पर लेटे हुए, त्याग की महिमा का स्मरण करते हुए, आज मुझे अपार हर्ष का अनुभव हो रहा है। साँय-साँय बहती हवा मुझे उल्लसित कर रही है। आसपास के वृक्ष तेज बहती वायु से इस प्रकार हिल रहे हैं, जैसे कोई योगी योग की खुमारी में मदमस्त होकर घूमता है। वृक्षों के हिलने से पत्तों का शोर शाश्वत नाद की तरह कानों में गूँजने लगा है, जिससे मन-आत्मा झंकृत हो उठी है। हापुड़ में ऐसी हवा कब चलती है ! चलती है तो उसमें इतनी धूल होती है कि मुँह और नथुनों को रूमाल से ढँकने के लिए विवश होना पड़ता है ! दूर कहीं कोई 'टेप-रिकॉर्ड' बजा रहा है–'काहे पैसे पे इतना गुरूर करे है, यही पैसा तो अपनों से दूर करे है...' गीत सुनते हुए मैं विभोर हो गया हूँ।

आदि स्वर्गभूमि ऋषिकेश के एक होटल की छत पर लेटे हुए स्वर्गिक आनंद की-सी विचित्र अनुभूति से भरे हुए, सुगंधित-शीतल-मस्त समीर के आगोश में, मैं कब सो गया, कुछ पता ही नहीं चला।

2

अध्यात्म एवं भौतिकता का संगम : उत्तरकाशी

ऋषिकेश के इस बस-अड्डे से चारों धामों—यमुनोत्री, गंगोत्री, केदारनाथ और बद्रीनाथ की यात्रा की शुरुआत होती है। यात्रा के लिए यहाँ से 'टैक्सी', 'लोकल बस' और 'सरकारी बस' की सुविधा मिल सकती है। 'लोकल बस' लगभग सभी शहरों में स्थान-स्थान पर रुकती हुई, यात्रियों को अपने गंतव्य तक पहुँचाती है, लेकिन सरकारी बसें निश्चित स्टॉप पर ही रुकती हैं। राह-बीच में सवारियाँ नहीं बिठातीं। 'लोकल बस' में यात्रा करना यद्यपि अधिक सुविधाजनक नहीं है, लेकिन इन बसों में यात्रा से पूर्व रजिस्ट्रेशन करवाने की आवश्यकता नहीं पड़ती, जबकि सरकारी बस में यात्रा करने के लिए यात्रा से पूर्व रजिस्ट्रेशन अथवा अग्रिम आरक्षण करवाना पड़ता है। यात्रा प्रारंभ करने से पूर्व प्रत्येक सरकारी बस की भली-भाँति जाँच की जाती है। जब तक जाँच पूरी न हो जाए, सरकारी बस अपने सफर पर रवाना नहीं होती। अधिकतर तीर्थयात्री इन्हीं बसों में यात्रा करते हैं।

हमने अग्रिम आरक्षण नहीं करवाया था। यात्रा में कष्ट उठाने का भी अपना एक आनंद होता है न ! इसलिए हमने 'लोकल बस' से ही उत्तरकाशी की यात्रा करना उचित समझा। हमने हल्का-सा नाश्ता किया और पानी की बोतल, चूर्ण की शीशी और नींबू लेकर ऋषिकेश से उत्तरकाशी जानेवाली एक 'लोकल' बस में आ बैठे। ऊँचे-नीचे पहाड़ी रास्तों पर बस में सफर करते हुए जी मिचलाना, उल्टी आना जैसी शिकायतें हो जाती हैं, इसलिए हमने कम खाने और नींबू-चूर्ण साथ रखने की सावधानी बरती है।

यात्रियों से ठसाठस भरी बस अपने निर्धारित समय पर ऋषिकेश से उत्तरकाशी के लिए रवाना हुई। बस में उपस्थित यात्रियों ने समवेत स्वर में जयकारा लगाया—'बोलो गंगा माई की जय !' हम ड्राइवर के ठीक पीछे वाली सीट पर बैठे थे। बस की खिड़की से पहाड़ियों के पीछे से उदित हुए

सूर्य नारायण के दर्शन हो रहे थे। मुझे लगा जैसे वह हमें देखकर मुसकरा रहे हों। मैं मंत्रमुग्ध होकर कुछ देर तक एकटक उन्हें निहारता रहा।

ऋषिकेश से सोलह किलोमीटर आगे चलकर बस नरेंद्र नगर के स्टॉप पर रुकी। नरेंद्र नगर समुद्र की सतह से 1067 मीटर की ऊँचाई पर बसा एक छोटा-सा सुंदर पहाड़ी शहर है, जिसकी आबादी बमुश्किल पाँच-सात हजार के लगभग है। यह शहर राजा नरेंद्रशाह बहादुर ने बसाया था। नरेंद्र नगर से इतने अधिक यात्री बस में सवार हुए कि बिलकुल जगह न बची। कुछ देर नरेंद्र नगर स्टॉप पर रुककर बस आगे चली।

मौसम कुछ इतनी तेजी से अदल-बदल रहा था कि हमें कभी ठंड लगने लगती, तो कभी गर्मी लगने लगती। कहीं-कहीं पर घने बादल छाए हुए थे, तो कहीं कड़ी धूप थी। चारों ओर पहाड़ों का मनोरम सौंदर्य फैला था। पहाड़ भी कहीं-कहीं पर एकदम सूखे, नितांत पत्थर और कहीं पर हरियाली-युक्त थे। एक महिला सहयात्री की तबीयत अचानक खराब हो गई और उसने बस में ही उल्टी कर दी, तो मैंने पानी में नींबू निचोड़कर, चूर्ण घोलकर उसे पिलाया। उसकी तबीयत फौरन सुधर गई। उसने हमें धन्यवाद दिया और सहयात्रियों ने हमारी सराहना की। थोड़ा-सा नींबू-चूर्ण हमने भी चखा। कुछ यात्रियों के पास टाफियाँ थीं, वे उन्हीं का रसास्वादन कर रहे थे। अनेक यात्री सहयात्रियों की असुविधा का खयाल न कर बस में धूम्रपान भी कर रहे थे। मैंने अपने निकटस्थ यात्री से धूम्रपान न करने का अनुरोध किया तो उसने फौरन अपनी जलती बीड़ी बुझा दी और ताजा हवा के प्रवेश के लिए खिड़की का शीशा खोल दिया। मुझे यह बड़ा अच्छा लगा और मैंने काफी राहत महसूस की। अगर सभी यात्री इसी प्रकार दूसरे सहयात्रियों की सुविधा का खयाल रखें तो कितना अच्छा हो !—मैंने सोचा।

सूर्य अपने पूरे यौवन से दमक रहा था। गर्मी अब ज्यादा बढ़ गई थी। उत्तरोत्तर चढ़ाई पर चढ़ती हुई बस चंबा नामक स्थान पर पहुँच गई। चंबा—ऋषिकेश से 62 किलोमीटर की दूरी पर बसा एक सुंदर पहाड़ी स्थान है। समुद्र तल से उसकी ऊँचाई है—1524 मीटर। इसकी आबादी सात-आठ हजार के लगभग है। यहाँ का मौसम सुहावना था। मटमैले-काले पहाड़ों का नैसर्गिक सौंदर्य बहुत प्यारा लगा। चंबा में हमने आलूबुखारे लिये। एक शहतूत जैसे फल का डोंगा भी लिया। यहाँ के स्टॉप पर थोड़ी देर रुककर

बस फिर अपने सफर पर आगे बढ़ी।

आगे ढलान शुरू हो गया था। बस ढलान पर तेजी से उतरती चली गई। टिहरी तक ढलान-ही-ढलान है। जल्दी ही हम टिहरी पहुँच गए। टिहरी महाराजा सुदर्शन शाह की बसाई नगरी है। यह ऋषिकेश से 83 किलोमीटर की दूरी पर भागीरथी और भिलंगना के संगम पर अवस्थित है। समुद्र की सतह से इसकी ऊँचाई है—770 मीटर। यहाँ श्री आदिबद्रीनाथ का बहुत प्राचीन और प्रसिद्ध मंदिर है। कहते हैं कि यहाँ बद्रीनाथ टिहरी-राजवंश के राजाओं की पूजा में प्रकट हो जाया करते थे। संसार-प्रसिद्ध स्वामी रामतीर्थ अमेरिका से लौटकर यहीं आकर बस गए थे और यहीं उन्होंने जल-समाधि ले ली थी। यहाँ गंगा नदी पर करोड़ों रुपयों की लागत से एक बाँध बनाया जा रहा है। टिहरी-बाँध के निर्माण से जहाँ इस क्षेत्र की औद्योगिक प्रगति की संभावना है, वहीं कुछ भयावह खतरे भी हैं, जिनकी वजह से यहाँ के नागरिकों का जीवन पूर्णतया असुरक्षित हो जाएगा। टिहरी-बाँध के निर्माण से यहाँ विस्थापित होनेवाले नागरिकों के पुनर्वास की समस्या आज टिहरी की प्रमुख समस्या है। इस क्षेत्र के नागरिकों के अधिकारों के पक्षधर श्री सुंदरलाल बहुगुणाजी, इसी समस्या के समाधान के लिए वर्षों से संघर्ष कर रहे हैं।

बस-स्टैंड से मुख्य टिहरी लगभग एक किलोमीटर दूर है। बस-स्टैंड पर तो केवल दो-चार ढाबे ही हैं, जिनमें न तो पर्याप्त साफ-सफाई थी और न ही खाना अच्छा था। एक स्थानीय नागरिक ने बातचीत में हमें बताया—"टिहरी बाँध की योजना कार्यान्वित होने के साथ ही यह टिहरी खत्म हो जाएगा। यहाँ केवल जल-ही-जल होगा। सरकार अधिकांश मुआवजा दे चुकी है, अतः वर्तमान टिहरी खत्म होने की स्थिति में है। अब एक नया टिहरी बसाया जा रहा है, जो एक पर्यटक स्थल होगा।"

टिहरी से बस जब चलने लगी तो मैंने देखा कि मेरे पासवाली सीट पर सुंदर नीली आँखोंवाली एक विदेशी नवयुवती आकर बैठ गई है। वह अपने दाहिने हाथ से बार-बार अपने रेशमी-सुनहरे बालों को सँवार रही थी। उसके बाएँ हाथ में अंग्रेजी की एक पुस्तक थी। वह युवती ऋषिकेश से ही बस में सवार हुई थी, लेकिन पहले वह कुछ पीछे, शायद बीस नंबर सीट पर बैठी हुई थी। मैं उससे परिचय प्राप्त करने का मोह संवरण न कर पाया। बातचीत में उसने बताया—वह ऑस्ट्रिया की रहनेवाली है। एक वर्ष पूर्व वह भारत में आई

थी। वृंदावन में रहते हुए वह ब्रह्मलीन बाबा देवरहा के एक शिष्य के संपर्क में आई और अभी एक माह पूर्व उसने उससे गुरुदीक्षा ली है ! वह भारतीय जड़ी-बूटियों पर अनुसंधान के लिए यहाँ आई है और बनारस विश्वविद्यालय से डॉक्ट्रेट की डिग्री हासिल करने के लिए उसने अपना रजिस्ट्रेशन करवाया है। भारतीय संस्कृति से वह विशेष प्रभावित है और धीरे-धीरे पश्चिमी संस्कृति छोड़कर भारतीय संस्कृति अपना रही है। यहाँ आकर उसने अपना नाम ललिता रख लिया है। भारतीय अध्यात्म, विशेषकर योग में, उसकी अधिक रुचि है और वह तीन समय प्रभु से प्रार्थना करती है।

मैंने उसे बताया कि योग में मेरी भी रुचि है। मैंने अपने गुरु से कुंडलिनी जागरण की दीक्षा सन् 1974 में ली थी। गुरुप्रदत्त शक्ति से शक्तिपात करने की योग्यता मैंने प्राप्त कर ली है। उसी के अनुसंधान में हिमालय जा रहा हूँ।

उसने पूछा--"क्या आप मुझे कुंडलिनी शक्ति के प्रयोगात्मक ज्ञान की दीक्षा दे सकते हैं ?"

मैंने उत्तर दिया—"कुंडलिनी शक्ति के विषय में मुझे जितना ज्ञान है उसे भेंट करने में मुझे कोई संकोच नहीं है। लेकिन आपको दृढ़ इच्छा-शक्ति, लगन, संयम और विश्वास रखना होगा।"

वह सिगरेट पी रही थी। बीच-बीच में अपनी पुस्तक के पृष्ठ पलटने लगती या 'हेडफोन' लगाकर 'टेप' सुनती। उसने अपना वृंदावन का पता मुझे दिया तथा मेरा पता नोट किया।

बस टिहरी से आगे धरासू नामक स्थान पर पहुँच गई थी। धरासू टिहरी से लगभग 30 किलोमीटर दूर बसा एक छोटा-सा नगर है। यह समुद्र तल से 1036 मीटर की ऊँचाई पर स्थित है। धरासू से एक रास्ता उत्तरकाशी होता हुआ गंगोत्री को तथा दूसरा रास्ता हनुमान चट्टी की ओर जाता है, जहाँ से होकर यमुनोत्री पहुँचा जा सकता है। सन् 1987 में यमुनोत्री यात्रा कर चुका हूँ। बस यात्रा का अंतिम पड़ाव हनुमान चट्टी तक है। यमुनोत्री के लिए हनुमान चट्टी से 14 किलोमीटर पैदल चढ़ाई है। घोड़े द्वारा भी यात्रा की जा सकती है। रास्ता बहुत भयानक है। यमुनोत्री में कोई सिद्ध, गुफा आदि नहीं है। गर्म पानी का कुंड है जहाँ पर यात्रीगण स्नान कर पूजा-पाठ करते हैं। हमारी बस उत्तरकाशी के मार्ग पर चल दी।

ऋषिकेश से उत्तरकाशी के रास्ते में जो कस्बे या गाँव हमने देखे, वहाँ केवल दस-पंद्रह जगह ही दुकानें दिखीं। गढ़वाल मंडल के लोग अधिकांशतः कमजोर और नाटे कद के हैं। घोर गरीबी, अशिक्षा और अंधविश्वास में जीवन-यापन करते हैं। यहाँ जो पशु हमने देखे—उनमें गायें भी नाटे कद की ही थीं। भेड़ और बकरियाँ ज्यादा दिखाई दीं, जबकि भैंसें इक्का-दुक्का ही नजर आईं। मार्ग में कई जगह हमने लंगूर और बंदर भी देखे।

उत्तरकाशी के रास्ते में जो भी गाँव पड़ा, हमने देखा कि—वहाँ प्रत्येक गाँव के साथ ग्राम-देवताओं के बहुत छोटे-छोटे आलेनुमा मंदिर थे। लोग वहाँ पूजा करने जाते हैं। यह तो मैं जानता था कि पुरातन काल से ही लोग अपने भय पर काबू पाने के लिए एक ग्राम-देवता की स्थापना करते रहे हैं लेकिन प्रत्येक गाँव का देवता अलग हो, यह मैंने गढ़वाल मंडल में ही पाया।

21वीं शती शुरू होनेवाली है। विज्ञान का प्रवेश और वर्चस्व हर कहीं स्थापित हो चुका है। लेकिन गढ़वाल के ग्रामवासी अभी भी ग्राम-देवता, टोना-टोटका, झाड़-फूँक आदि में विश्वास करते हैं। विज्ञान का प्रवेश यहाँ इतना कम हो पाया है कि लोग अभी तक पहाड़ी दर्रों का जल नाली या पाइपों के द्वारा गाँवों में लाकर पीते हैं। स्कूल, चिकित्सालय आदि गाँवों में न के बराबर हैं। ऊबड़-खाबड़ पथरीली जमीन ज्यादा है, खेती करने योग्य भूमि कम है। गाँवों में ट्रैक्टर, ट्यूबवैल इत्यादि भी कम हैं। सीढ़ीनुमा खेत हैं। ज्यादातर धान की ही फसल होती है। कई स्थानों पर पहाड़ी आलू भी बोया जाता है। गेहूँ की पैदावार यहाँ कम होती है। ज्यादातर खेती वर्षा पर आधारित है। गाँवों में बिजली व्यवस्था कम है। कई खेत हमें सूखे पड़े मिले। किन्हीं कारणों से वहाँ नदी-जल नहीं पहुँच पाया था।

खेतों में पुरुषों की तुलना में महिलाएँ अधिक कार्यरत दिखाई दीं। इसका कारण एक स्थानीय सहयात्री ने बताया—"यहाँ पर उद्योग-धंधे बहुत कम हैं, अतएव यहाँ के अधिकतर लोग सेना में भर्ती हो जाते हैं। शेष आसपास के मैदानी क्षेत्रों में जाकर जीविका के लिए संघर्ष करते हैं। जो बहुत थोड़े-से पुरुष गाँव में बच जाते हैं, वे कच्ची शराब पीकर घरों में लेटे रहते हैं। स्त्रियाँ कठोर परिश्रम करती हैं। सरकार ने कोई बड़ा उद्योग यहाँ नहीं लगाया है। टिहरी-बाँध के निर्माण से इस क्षेत्र की समस्याओं का कुछ समाधान करने का प्रयास तो सरकार कर रही थी, लेकिन जब जिंदगी मिटने

के आसार ही बढ़ गए हों तो...।"

यहाँ फलदार वृक्ष बहुत कम संख्या में हैं। ज्यादातर पेड़ काटे जा चुके हैं। पहाड़ों पर अब हरियाली के स्थान पर घास-फूस, कटीली झाड़ियाँ ही दृष्टिगोचर होती हैं। जितने पेड़ यहाँ काटे जा रहे हैं, उनके मुकाबले में बहुत कम पेड़ वन-विभाग या आम आदमी यहाँ लगाते हैं। सरकार या लोगों के पास कोई ठोस नीति नहीं है। वृक्षों की कटाई में सबसे बड़ा हाथ यहाँ माफिया गिरोहों का है जो वन-विभाग से मिलकर अवैध तरीके से जड़ी-बूटियों तथा वृक्षों की कटाई का कार्य करते हैं।

गाँवों की स्त्रियाँ और बच्चे यहाँ सुंदर हैं। स्त्रियों का रंग गुलाबी, नयन-नक्श तीखे और पहनना-ओढ़ना साधारण है। पुरुष मझोले कद के हैं। ज्यादातर पुरुष दुबले-पतले ही हैं। हमारी बस जब भी बच्चे देख लेते हैं, वे दूर से हाथ हिला-हिलाकर हमारा अभिवादन करते हैं। महिला और पुरुष भी कौतुक से बस में बैठी सवारियों को देखते हैं। उत्तराखंड के ग्रामीण जन-जीवन को निकट से देखते हुए हम उत्तरकाशी पहुँच गए।

उत्तरकाशी पुरानी परंपरा को आज भी जीवित रखनेवाला एक सुंदर शहर है, जिसकी आबादी लगभग ढाई-तीन लाख है। यह वरुणा और असी नामक दो नदियों के बीच प्राकृतिक सौंदर्य से भरपूर भूमि पर गंगा किनारे बसा है। समुद्र तल से उत्तरकाशी की ऊँचाई है—1158 मीटर। उत्तरकाशी में भगवान विश्वनाथ, परशुराम, काली और एकादश रुद्र के मंदिर हैं। शहर में अनेक रेस्टोरेंट, होटल, धर्मशालाएँ इत्यादि हैं। अच्छा-खासा बाजार है। उत्तरकाशी में बनी शुद्ध ऊन की चादर सारे भारत में प्रसिद्ध है। शिक्षा के लिए यहाँ डिग्री और इंटर कॉलेज हैं।

ठहरने के लिए किसी स्थान की तलाश में हम कई होटलों में गए लेकिन कहीं कोई कमरा खाली नहीं मिला। दो-तीन घंटे की भाग-दौड़ के बाद हमें 'सुविधा' नामक होटल में एक कमरा खाली मिला। मैनेजर ने कमरे का शुल्क दो सौ पचास रुपए प्रतिदिन माँगा। हमें कमरा चाहिए ही था, वरना रात में रुकते कहाँ ? लेकिन शुल्क ज्यादा लगा। मैंने मैनेजर से शुल्क कुछ कम करने का अनुरोध किया। मेरे गैरिक वस्त्रों के कारण उसने कहा—"स्वामीजी, कमरे का शुल्क तो मैंने आपको ठीक ही बताया है। लेकिन...जैसा आप कहेंगे, मैं ले लूँगा।" अंत में सौ रुपए प्रतिदिन पर हमने

वह कमरा किराए पर ले लिया। इससे यह प्रमाणित हो गया कि इस स्थान पर लोगों के मन में साधुओं के प्रति अगाध श्रद्धा है।

रात को हम उत्तरकाशी के प्रसिद्ध विश्वनाथ मंदिर को देखने गए। मंदिर काफी विशाल एवं पुराना है। मंदिर देखते हुए अनायास किसी पुस्तक में पढ़ी उत्तरकाशी और काशी के विश्वनाथ मंदिर की तुलना मुझे याद आ गई—"काशी के विश्वनाथ यदि जनता की निविड़ता, कोलाहल तथा पुष्पवृष्टि से सदा पीड़ित हैं, तो उत्तरकाशी के विश्वनाथ जन-शून्यता, निःशब्दता और निर्विपेक्ष आनंद समाधि में सर्वदा लीन हैं।" विश्वनाथ मंदिर का शिवलिंग बहुत विशाल था। मैं आधा घंटा उसके निकट ध्यान-मग्न होकर बैठा रहा। मन एक अलौकिक आनंद में आकंठ डूब गया था।

दर्शन-ध्यान करके जब मैं निकला तो देखा कि सैकड़ों साधु मंदिर परिसर में बैठे खाना खा रहे हैं। मंदिर परिसर के दो कोनों में धूनी जल रही है और अनेक साधु धूनी के इर्द-गिर्द बैठे हैं। मैं थोड़ी देर साधुओं के निकट बैठकर सत्संग का आनंद लेने की इच्छा से एक कोने की ओर बढ़ गया।

मैंने देखा कि एक साधु, जिसकी जटाएँ काफी बढ़ी हुई थीं, मस्तक पर चंदन का लेप लगाए, धूनी के पास बैठा है। साधु की वयस भी अधिक नहीं दिखाई देती थी। मैंने उसे प्रणाम किया और बैठने की अनुमति माँगी।

"बैठो-बैठो।" साधु ने इजाजत देते हुए मुझे बैठने का इशारा किया।

मैं बैठ गया। उसने मुझे कुछ मूँगफलियाँ दीं और कहा—"खाओ ! धूनी की आग में मैंने स्वयं भूनी हैं।"

मैं मूँगफली खाने लगा। मूँगफली गर्म थीं, अतः स्वादिष्ट लगीं।

साधु ने मुझसे पूछा—"कहाँ से आना हुआ ?"

मैंने उत्तर दिया—"हापुड़ से। गंगोत्री-गौमुख की यात्रा पर जा रहा हूँ। सिद्ध पुरुषों के दर्शन से मेरे मन को सुख मिलता है। आपको यहाँ अकेले बैठे देख सोचा कि यदि आपको आपत्ति न हो तो थोड़ी देर आपके पास बैठकर सत्संग का आनंद लूँ।"

साधु ने आँखें मिचमिचाकर मुझे बड़े गौर से देखा। कहा—"ठीक है, ठीक है...।"

मैंने कहा—"आपका प्रसाद तो काफी स्वादिष्ट है, और देंगे क्या ?"

इस प्रकार प्रसाद माँगने से साधु अचानक भड़क उठा। बोला—"मैं

अपने पास बैठने के सिर्फ पाँच मिनट देता हूँ। मूँगफली के दाने अगर और लेने हों तो बाजार से खरीद लो। बड़ा ब्रह्म की बात करता है ! गौमुख जाएगा...भाग यहाँ से।"

मुझे ऐसे व्यवहार की आशा नहीं थी। मैंने उठते हुए कहा—"महाराज, अभी साधक हूँ। मुझसे कोई भूल हो गई हो तो क्षमा करना।"

वहाँ से लौटकर अब मैं अपने कमरे में बैठा सोच रहा हूँ कि क्या अहंकार, क्रोध व साधक को सम्मान न देकर अपशब्द कहना किसी साधु वेशधारी मनुष्य के लिए उचित है ? क्या यही भारतीय संस्कृति है !

मुझे लगा कि भारत में अधिकांश साधु-महात्मा योगी न होकर पाखंडी, रूढ़िवादी, अहंकारी और अशिक्षित हैं। वे तो केवल यही चाहते हैं कि लोग आएँ, उनके पाँव छुएँ, उनके समक्ष सिर झुकाएँ, चढ़ावा चढ़ाएँ और जैसा भी साधु कहे, सिर झुकाकर स्वीकार लें, मान लें।

जटा बढ़ाकर, भस्म लपेटकर, धूनी जलाकर अपने अहंकार को तृप्त करने से ही क्या कोई साधु-महात्मा या योगी हो सकता है ? ऐसे लोग क्या पृथ्वी पर भार-स्वरूप नहीं हैं, जो न तो ज्ञान अर्जित ही कर रहे हैं और न समाज को ज्ञान भेंट ही दे रहे हैं। गृहस्थों को लूटते हैं। पचास रुपए की लकड़ी रोज धूनी में फूँकते हैं। इन्हें न धर्म की चिंता है, न कर्म की; न आचरण की चिंता है और न ही सभ्यता-संस्कृति की। ज्ञान-क्रिया-योग इनके मन पर अंकित नहीं हुआ। अहंकार जिन्हें पशु से भी घृणित अवस्था में जीने को विवश करता है, जिन्होंने कुछ नहीं साधा, सिर्फ अपना स्वार्थ साध रहे हैं, ऐसे लोगों को क्या साधु माना जा सकता है ? प्रेम, करुणा, विनम्रता, समानता और सत्य जैसे नैतिक गुणों से रहित किसी व्यक्ति को साधु कदापि स्वीकार नहीं किया जा सकता।

मुझे लगा कि सत्य की खोज में पाखंडी साधुओं के सामने श्रद्धा दिखाना उनके अहंकार को पोषित करना है। मन में दृढ़ निश्चय किया कि आगे यात्रा में निर्भय होकर उनका सामना करना पड़े तो करूँगा। साधु के व्यवहार से व्यथित मन, दूसरे के सामने भिक्षा या अनुनय-विनय करने से कतराने लगा था। अहंकार को खत्म करने के लिए भिक्षा को सर्वोत्तम कहा गया है लेकिन भिक्षा माँगना मुझे हेय लगने लगा था। रात्रि बहुत हो चुकी है। अब मैं विश्राम करूँ। आज इतना ही।

3

प्रकृति की विराटता : मनुष्य की तुच्छता

उत्तरकाशी में रात को ठंड कुछ ज्यादा हो गई थी। अतः हमें रजाई ओढ़नी पड़ी, लेकिन पंखा फिर भी चला रखा था। सुबह हम जल्दी ही उठ गए। मन में गंगा-स्नान करने की इच्छा जाग्रत हुई। होटल से कुछ ही दूरी पर गंगा-घाट था। हम गंगा-घाट पर आ गए।

हमने भागीरथी में स्नान किया। स्नान करते हुए देखा कि जल में मैला बहा आ रहा है। मन खिन्न हो गया। सोचते थे कि यहाँ पर गंगा का जल बिलकुल स्वच्छ होगा। लोगों से इस विषय में चर्चा की तो पता चला कि अभी यहाँ पर मल निकासी की समुचित व्यवस्था नहीं है, इसलिए अधिकांश कूड़ा-करकट गंगाजी में ही बहा दिया जाता है।

स्नान के बाद मैं घाट के ही एक कोने में कुछ देर के लिए ध्यान-मग्न होकर बैठ गया। ध्यान से निवृत्त होने पर मैंने पाया कि स्नान के समय मैला बहता देखकर मन में जो खिन्नता उत्पन्न हो गई थी, वह अवशिष्ट रूप में अब भी है और मैं अनजाने में ही गंगाजल पर चिंतन कर रहा हूँ। ठीक ही तो है कि यह माँ गंगा की ही विशेषता है कि अनेक नदी-नालों का गंदा-उथला जल इसमें मिलकर गंगाजल के अनुरूप ही हो जाता है। वह गंगाजल ही कहलाता है। गंगाजल की ऐसी विशेषता के कारण ही हिंदु इसे पतित पावनी, पाप विनाशिनी कहते हैं। वे इसे 'माँ' कहकर पुकारते हैं।

आयुर्वेद शास्त्र में लिखा है—"गंगाजल के पान से अजीर्ण, संग्रहणी, ज्वर, दमा, तपेदिक आदि रोग निर्मूल हो जाते हैं। कुष्ठ का नाश होता है और संक्रामक रोग समाप्त हो जाते हैं।" धन्वंतरी ने भी गंगाजल को बुढ़ापे और सभी रोगों के लिए महाऔषधि बताया है।

अथर्ववेद में लिखा है—"गंगा आदि नदियों के जल हिमालय पर्वत से

बहते हैं और उनका समुद्र में समान रूप से संगम होता है। वह (गंगाजल) दिव्य जल है, सो मेरे हृदय को प्रकाशमान बनाने की औषधि प्रदान करे।"

ऋषि वाल्मीकि ने रामायण में लिखा है—"हे माँ भागीरथी ! मैं तुमसे एक प्रार्थना करता हूँ कि तुम्हारे तीर पर निवास करते हुए, तुम्हारा जल पीते हुए, तुम्हारी तरंगावलि निहारते हुए, तुम्हारा नाम स्मरण करते हुए ही मेरा शरीरांत हो।

"...जो पापों को दूर करनेवाला, दुष्कर्मों का शत्रु, तरंगपूर्ण, गिरिराज गुहा को विदीर्ण कर दूर तक बहनेवाला और श्री हरि की चरण रज में क्रीड़ा करनेवाला है, वह शुभकारी गंगोदक मुझे सर्वदा पवित्र करे।"

गीता में श्रीकृष्ण ने कहा कि 'मैं नदियों में भागीरथी गंगा हूँ।'

दोहावली में तुलसीदास ने कलयुग के दो आधार बताएँ हैं—पहला रामनाम तथा दूसरा गंगा का पवित्र जल।

स्कंध पुराण में उल्लेख मिलता है—"इस जगत में पवित्र जल वाले बहुत-से सरोवर और सरिताएँ हैं तथा स्थान-स्थान पर अनेक तीर्थ हैं, जिनमें साधु-महात्मा पुरुष निवास करते हैं। वे तीर्थ-दर्शन मात्र से ही अपनी महत्ता के प्रति विश्वास उत्पन्न करनेवाले हैं। अत्यंत फल देनेवाले तथा महान महिमा के भागी हैं, तथापि उनमें स्वर्ग नदी गंगा की महिमा का करोड़वाँ अंश भी नहीं है।"

आदि गुरु शंकराचार्य ने भी गंगा को रोग, शोक, ताप, पाप और कुमति कलाप के हरनेवाली कहकर माता समान एकमात्र संसार की गति कहा है।

संत विनोबा भावे ने अपने ग्रंथ 'गीता-प्रवचन' में लिखा है—"यह समझ में आने लगा है कि हिंदू यह क्यों चाहता है कि मरने पर उसकी अस्थि तो कम-से-कम गंगा में पड़ जाए। आप हँसिए, आपके हँसने से कुछ बिगड़ता नहीं, परंतु मुझे यह भावना बहुत पवित्र और स्पृहणीय लगती है। मरते समय गंगाजल की दो बूँद मुँह में डालते हैं। वह बूँद क्या है, मानो परमेश्वर ही मुँह में उतर आता है। इस गंगा को परमात्मा ही समझो। वहाँ परमेश्वर की करुणा ही बह रही है। तुम्हारा सारा बाहरी-भीतरी कूड़ा-करकट वह माता धो रही है, बहा ले जा रही है।

"गंगा माता में यदि परमेश्वर प्रकटित न दिखाई दे, तो कहाँ दिखाई देगा ? सूर्य, नदियाँ, हिलोरें मारनेवाला सागर, यह सब परमेश्वर की ही तो मूर्तियाँ हैं।"

सहसा मुझे याद आया कि मैंने कहीं पढ़ा था—वैज्ञानिक श्री हेनकेन ने काशी में गंगाजल की जाँच करते समय एक ऐसे स्थान से गंगाजल लिया, जहाँ पर काशी की सारी गंदगी गिरती थी। अपने परीक्षण में उन्होंने उस जल में बहुत अधिक संख्या में हैजे के कीटाणु पाए। गंगाजल को छः घंटे तक रखकर जब उन्होंने पुनः परीक्षा की तो यह देखकर अचंभित रह गए कि सभी विषाणु स्यमेव समाप्त हो गए थे। दूसरी बार उन्होंने जाँच के लिए एक बहते हुए शव के नीचे का गंगाजल लिया। इस जल में भी अनेक विषैले विषाणु थे, लेकिन छः घंटे बाद परीक्षा करने पर उसी जल को विषाणु-रहित पाया। तब उन्होंने ऐसे स्थान का साधारण जल लिया, जो गंगा से हटकर बह रहा था। जाँच करने पर उन्होंने जल को बिलकुल विषाणु-रहित पाया। अब उन्होंने उस जल में हैजे के कुछ विषाणु प्रवष्टि कर दिए और जल को छः घंटे के लिए रख दिया। तत्पश्चात् जाँच करके देखा तो पाया कि सारा जल ही विषाणुयुक्त हो गया था। हेनकेन ने निष्कर्ष निकाला कि गंगाजल विषाणुनाशक जल है। हम सब तो यही सुनते आए हैं कि गंगाजल कभी खराब नहीं होता। गंगाजल को एक-दो साल तक रखा जाने पर भी उसमें न तो कोई दुर्गंध होती है और न ही उसका कोई कुप्रभाव स्वास्थ्य पर पड़ता है, ऐसा मैंने स्वयं अनुभव किया है। लेकिन यदि इसी तरह से गंगा को अपवित्र किया जाता रहा, तो गंगा के जल को भी विषाणुयुक्त होने में देर नहीं लगेगी। मनुष्य पहले नदी, पहाड़, पशु, पक्षी की पूजा करता था। जिसकी व्यक्ति पूजा करे, उसे सपने में भी अपवित्र करने की भावना का संचार नहीं होता था। आज विज्ञान के प्रवेश के साथ मानव प्रकृति के संतुलन को बिगाड़ने में लगा हुआ है।

पिछले दिनों गंगा से जुड़ी लोगों की इन्हीं धार्मिक भावनाओं का खयाल करते हुए भूतपूर्व प्रधानमंत्री श्री राजीव गाँधी ने गंगा की सफाई के विशेष अभियान के लिए करोड़ों रुपए का खर्च वहन करना स्वीकार किया था।

अचानक रवींद्र ने मेरा ध्यान भंग किया कि गंगोत्री के लिए प्रस्थान करना है, अतएव बस का टिकट ले लिया जाए।

हम बस-अड्डे पहुँचे। गंगोत्री का टिकट लेकर हमने एक रेस्टोरेंट में नाश्ता किया और होटल से सामान लाकर बस में बैठ गए। बस शीघ्र ही खचाखच भर गई। तभी एक महिला नेता आईं। उन्होंने अपनी दो सवारियों

को एक सीट पर बिठा दिया। वह सीट कंडक्टर पहले ही किन्हीं अन्य सज्जनों को दे चुका था। उन लोगों ने जब अपनी सीट खाली करानी चाही, तो महिला नेता बिगड़ उठीं—"क्या जमाना आ गया है...बीमार लोगों को सीट नहीं दे रहे हैं...सरकार ने तीर्थयात्रियों के लिए अलग से बसें चला रखी हैं। लोकल बस लोकल सवारियों के लिए है। आखिर लोकल सवारियाँ कहाँ सफर करें ? तीर्थयात्रियों को अपनी सुविधा के साथ लोकल सवारियों की सुविधा का भी खयाल रखना चाहिए... ।" कंडक्टर ने बड़ी मुश्किल से उन्हें शांत किया और उनके लिए दूसरी सीटों का इंतजाम किया। बस अपने सही समय पर उत्तरकाशी से गंगोत्री के लिए प्रस्थान कर गई। थोड़ी देर बाद हमने बस में बैठे हुए ही गंगा पर बने विशाल पॉवर हाउस की एक झलक देखी। यह पॉवर हाउस मनेरी-भाली से जुड़ा है और यहाँ से बिजली दूर-दूर सप्लाई की जाती है।

आज मौसम सुहावना था। भागीरथी के समानांतर सड़क पर दौड़ती बस उत्तरोत्तर ऊँचाई पर चढ़ रही थी। भागीरथी का प्रवाह निरंतर गंभीर से गंभीरतर होता जा रहा था। चारों ओर विशाल पर्वत चोटियाँ थीं। घने वृक्ष थे। घों-घों करते बस के इंजन की ध्वनि में भी भागीरथी का कलकल निनाद सुनाई दे रहा था। बस भटवाड़ी पहुँच गई।

भटवाड़ी उत्तरकाशी से मात्र 29 किलोमीटर दूर बसा एक छोटा-सा कस्बा है। समुद्र तल से इसकी ऊँचाई है—1677 मीटर। यहाँ प्रकृति की अपूर्व छटा के मनोरम दर्शन होते हैं। यहाँ पर लगभग बीस मिनट बस रुकी। भटवारी के बस-स्टैंड से हमने केले खरीदे। अनेक यात्रियों ने यहाँ जलपान ग्रहण किया।

भटवाड़ी से आगे हमारी बस जिस स्थान पर रुकी उसका नाम था—गंगनानी। यह स्थान समुद्र तल से 1982 मीटर की ऊँचाई पर बसा है। गंगनानी में प्रकृति का सौंदर्य पूर्ण निखरा हुआ है। अगर हम कहें कि गंगनानी प्रकृति की मानव को अमूल्य भेंट है, तो शायद गलत न होगा। कहते हैं कि यहाँ महर्षि वेदव्यास के पिता मुनि श्री पाराशर ने तपस्या की थी। गंगनानी का विशेष आकर्षण गर्म एवं ठंडे जल के कुंड हैं। ये कुंड एक प्राकृतिक आश्चर्य माने जाते हैं। गर्म पानी गंधक का पानी होता है। जिन स्थानों पर गंधक के पहाड़ होते हैं, उन पहाड़ों से गुजरनेवाला पानी

गंधक के प्रभाव से युक्त होकर गर्म हो जाता है। गर्म कुंड के साथ ही यहाँ एक ठंडे गहरे नीले जल का कुंड भी है। कुंड के ऊपर ही मुनि श्री पाराशर का मंदिर है। यहाँ पर सार्वजनिक निर्माण का डाक-बँगला है। कुछ चाय एवं खाने के ढाबे हैं।

गंगनानी पहुँचकर हमें कुछ ठंड का अनुभव हुआ, इसलिए हमने स्वेटर पहन लिये। यहाँ से बस में कई सवारियाँ चढ़ीं। एक स्थानीय नवयुवक हमारी सीट के पास आकर खड़ा हो गया। उसके हाथ में किताबों का एक पैकेट था। पहाड़ी रास्तों पर बस में खड़े होकर सफर करना कुछ आसान तो नहीं ! और फिर यहाँ तो कुछ दूरी तक सड़क भी टूटी हुई थी। ऊबड़-खाबड़ सड़क पर जब बस हिचकोले खाती, तो वह युवक बेचारा गिरने-गिरने को हो आता। हमने उसे अपनी सीट पर स्थान दे दिया।

उससे परचिय हुआ तो उसने अपना नाम प्रेमसिंह रावत बताया। प्रेमसिंह रावत से हमें इस स्थान के विषय में थोड़ी-सी जानकारी मिली—"इस क्षेत्र में फलों के बाग हैं, अतएव उनका व्यापार किया जाता है। लोग भेड़-बकरियाँ पालते हैं। भेड़ों से ऊन प्राप्त होती है। अतः ऊन का व्यापार किया जाता है। एक भेड़ से एक किलो ऊन प्राप्त हो जाती है, जो चालीस रुपए प्रति किलो के हिसाब से ठेकेदार खरीदकर ले जाते हैं। खुद मेरे पास डेढ़ सौ भेड़-बकरियाँ हैं। इसके अतिरिक्त यहाँ जड़ी-बूटियाँ भी पाई जाती हैं। इसलिए जड़ी-बूटियों का भी व्यापार होता है। जड़ी-बूटियाँ, जिन लोगों को इनकी पहचान है, वे ऊँचे-ऊँचे पहाड़ों से खोजकर लाते हैं। जड़ी-बूटियों का यहाँ अक्षय भंडार है, लेकिन पहचान के अभाव में लोग जानी-पहचानी जड़ी-बूटियाँ ही लाते हैं। सप्ताह भर का राशन और गर्म बिस्तर लेकर लोग बर्फ से ढँकी चोटियों पर जाकर जड़ी-बूटियाँ खोजते हैं। जड़ी-बूटियों को ठेकेदार बहुत सस्ते मोल पर खरीद लेते हैं। जड़ी-बूटियों पर अनुसंधान की आवश्यकता है। यदि जड़ी-बूटियों पर अनुसंधान हो तो अनेक गंभीर रोगों के उपचार के लिए यहाँ से जड़ी-बूटियाँ प्राप्त हो सकती हैं।"

प्रेमसिंह रावत ने हमें यह भी बताया—"यहाँ होली, दीपावली, दशहरा, रक्षाबंधन आदि त्यौहार लगभग सभी लोग मनाते हैं। शराब और मांस का प्रयोग भी अधिकांश लोग करते हैं।"

मैंने पूछा—"क्या शराब पीना और मांस खाना यहाँ के लोग अच्छा

समझते हैं ?"

प्रत्युत्तर में उसने कहा–"यह बात नहीं है, साहब ! दरअसल यहाँ निर्जन वातावरण और घोर शीत में मनोरंजन का कोई और साधन भी तो नहीं है। अच्छा समझें या न समझें, लेकिन सब लोग खाते-पीते हैं। पहले से ही सिक्किम, तिब्बत, हिमाचल, उत्तराखंड में गोश्त का खाना व छंग अर्थात् खींची शराब या ताड़ी पीना बुरा नहीं समझा जाता था। यह यहाँ के दैनिक जीवन व्यवहार का हिस्सा है। पहले गढ़वाल मंडल 'ड्राई एरिया' था, लेकिन अब जगह-जगह अंग्रेजी और देशी शराब के ठेके खुल गए हैं। आधुनिक सुविधाओं का यहाँ प्रायः अभाव है। शिक्षा का प्रसार भी कम हुआ है। लड़कों की तुलना में लड़कियाँ कम पढ़ाई जाती हैं। हाँ, शराब और परिवार नियोजन का खूब प्रचार है। सामान्यतया लड़की की शादी बीस वर्ष की उम्र में तथा लड़के की शादी बाईस वर्ष की उम्र में की जाती है। बाल विवाह अब यहाँ नहीं होते। शराब भी यहाँ अब अभिशाप बन गई है।

"...यहाँ जो मकान हैं, उन्हें किसी बाहरी व्यक्ति को बेचा नहीं जा सकता। मरने के बाद पुत्र न होने की स्थिति में नजदीकी रिश्तेदारों को दे दिया जाता है। यहाँ ब्राह्मण, राजपूत 90 प्रतिशत हैं, बनिया और अनुसूचित या पिछड़ी जाति के लोग बहुम कम हैं। यमुनोत्री, गंगोत्री, केदारनाथ और बद्रीनाथ में भूमि-अधिपति केवल ब्राह्मण हैं या फिर राजपूत...कुछ स्थानों पर जमीन की अच्छी कीमत प्राप्त होने पर भूमि सेठों को बेची जाने लगी है, लेकिन उस पर कब्जा यहाँ के स्थानीय लोगों का ही रहता है। पंडों का वर्चस्व जैसाकि अन्य तीर्थस्थानों पर है, यहाँ भी है। तीर्थों में सरकारी दखल बहुत कम है।"

बस लगातार बढ़ती जा रही थी।

चारों ओर फैले ऊँचे-ऊँचे पहाड़, देवदार और चीड़ के घने वृक्षों की मनोहारी छटा और साँय-साँय बहती ठंडी हवा हमें स्वर्गिक सुख की अनुभूति करा रही थी। घाटी कहीं पर बहुत संकीर्ण थी और कहीं-कहीं पर बहुत अधिक चौड़ी। भागीरथी कभी हमसे बहुत दूर, कहीं नीचे पहुँच जाती थी, तो कभी वह हमारे बिलकुल पास आ जाती थी। कहीं-कहीं पर बड़ी-बड़ी चट्टानें भागीरथी का प्रवाह रोकने की कोशिश-सी करती हुई प्रतीत होती थीं, तो कहीं पर वह कई-कई फुट की ऊँचाई से झरने के रूप में गिर रही थी।

दूसरे किनारे के पहाड़ों से कई छोटे-छोटे झरने आकर भागीरथी में मिल रहे थे। स्वच्छ, चमकते हुए पानी के झरनों की छटा अपूर्व है।

बस धीरे-धीरे और अधिक ऊँची चढ़ाई पर चढ़ी जा रही थी। मुझे लग रहा था जैसे मैं किसी अन्य दुनिया में विचरण कर रहा होऊँ। यहाँ की जलवायु की स्निग्धता, यहाँ का शांत, पवित्र वातावरण, मनोहारी दृश्यावलि, भागीरथी का कलकल निनाद मनुष्य को ऊँचा उठाने में सहायक है। यहाँ पहुँचकर मनुष्य का अंतःकरण स्वयमेव शुद्ध हो जाता है। उसकी चित्तवृत्तियाँ सांसारिक प्रलोभनों से हटकर स्वतः ही परमात्मा की ओर झुक जाती हैं। यहाँ सही भूख-प्यास एवं अन्य शारीरिक कष्ट श्रम की साधना बन जाते हैं। मन में काम-क्रोध, माया-मोह-अहंकार का जो घटाटोप छाया रहता है, यहाँ आकर, प्रकृति की अनुपम छटा को देखकर वह समाप्त हो जाता है। हम अपनी बुद्धि, धन आदि का कितना अहंकार करते हैं ! पर प्रकृति के समक्ष हम कितने तुच्छ हैं ! विराट् प्रकृति के समक्ष बिलकुल नगण्य स्थिति है हमारी।

बस समुद्र तल से 8850 फुट की ऊँचाई पर आकर रुकी थी। वहाँ हम लोगों ने चाय पी। वहाँ से ढलान शुरू हो गया था। झाला होते हुए हम हरसिल पहुँच गए थे।

हरसिल की आबादी लगभग पाँच हजार है। यहाँ की जलवायु बहुत स्वास्थ्यवर्धक है। यहाँ सेबों के बगीचे हैं। भेड़ों से ऊन निकाली जाती है। ऊन की डोरी बनाने के लिए यहाँ करघे लगे हैं। जड़ी-बूटियाँ भी यहाँ बहुतायत से पाई जाती हैं। हरसिल से तीन किलोमीटर पहले भागीरथी का फैलाव काफी बढ़ा हुआ था और प्रवाह भी धीमा हो गया था। ऐसा लगता था जैसे प्राचीन काल में किसी प्राकृतिक रुकावट के कारण नदी का प्रवाह अवरुद्ध हुआ होगा और इसी कारण हरसिल से झाला तक विस्तृत झील बन गई होगी। बाद में जब रुकावट हटाई गई होगी तो झील का पानी निकल गया होगा और झील के स्थान पर समतल मैदान रह गया होगा। इस घाटी में अति मनोरम स्थान वह है जहाँ श्याम गंगा और भागीरथी का संगम होता है। यहाँ पर श्याम गंगा की घाटी बहुत चौड़ी है और उसका जल भी दो भागों में विभक्त हो गया है। हरसिल में हवा बहुत तेज थी। कहते हैं कि यहाँ बारहों महीने ऐसी ही हवा चलती है और उसका वेग धूप की तेजी के साथ घटता-बढ़ता रहता है। यहाँ की दृश्यावलि मुझे कुछ-कुछ

पहलगाम (काश्मीर) की तरह लगी। चारों ओर हिमाच्छादित चोटियाँ, नाना प्रकार के असंख्य पेड़, झरनों और नदी-नालों की शोभा अवर्णनीय है।

किसी कवि की पंक्तियाँ मुझे अनायास याद आईं–

जगह-जगह झर रहे हैं झरने
जगह-जगह स्रोत चल रहे हैं
ये दान हिम का है मानवों को
बर्फ के टुकड़े पिघल रहे हैं
हमारा संताप-ताप लखकर
द्रवित हुआ चित्त हिम-शिखर का
हमारे खेतों को सींचने को
ये आज नीचे चल रहे हैं
नहीं झुकेंगे, नहीं रुकेंगे
अनंत में ही विश्राम लेंगे
यही है जीवन इन्हीं के बल पर
चिराग घर-घर में जल रहे हैं।

बस आगे चली। ठंड अब काफी अधिक हो गई थी, अतएव बस में मौजूद सभी लोगों ने गर्म कपड़े पहन लिये। बस भैरों घाटी की मशहूर चढ़ाई पर आगे बढ़ रही थी। भैरों घाटी की ऊँचाई 2652 मीटर है। यहाँ पर भैरव का एक पुराना मंदिर है। इस मंदिर में तो हम नहीं गए, लेकिन हम भागीरथी से इतना अधिक ऊपर पहुँच चुके थे कि उसकी कलकल ध्वनि भी अब हमें सुनाई नहीं पड़ रही थी। भैरों घाटी में भागीरथी के ऊपर एक पुल बना हुआ है। गाड़ी जब पुल को पार करती है तो नीचे झाँकने पर भागीरथी बिलकुल नाले की तरह दिखाई देती है। बस से भागीरथी की दूरी लगभग 200 मीटर (नीचे) होगी। कैंची के आकार के दो पहाड़ों के बीच यहाँ भागीरथी बहती है। गाड़ी जब पुल पार करके आगे बढ़ती है, तो नीचे देखने पर भय से रोंगटे खड़े हो जाते हैं।

प्रकृति का अद्‌भुत नैसर्गिक रूप एवं उसकी विभिन्नता देखकर हमारा मस्तिष्क उस महान ईश्वरीय शक्ति के समक्ष एक बार फिर श्रद्धानत हो जाता है। आखिर हम गंगोत्री तीर्थ पहुँच ही गए।

4

भगीरथ की अनुपम देन : गंगोत्री

विश्वप्रसिद्ध, भारतीय आस्था के परम प्रतीक, पवित्र-पुनीत गंगोत्री धाम पर हम लोग सायंकाल बस से उतरे। बस से उतरते ही मन प्रसन्न हो गया। दूर-दूर तक हिमालय की हिम-आच्छादित चोटियाँ ही दृष्टिगोचर हो रही थीं। मुझे लगा जैसे हम मन की अथाह ऊँचाइयों के स्वप्न संसार में पहुँच गए हों।

कहना न होगा कि हिमालय की प्रत्येक चोटी, प्रत्येक नदी हमारे धर्म-दर्शन-काव्य से ही नहीं, हमारी संस्कृति से भी जुड़ी हुई है। और फिर गंगा का तो कहना ही क्या ! वह हमारे देशवासियों से मिलने के लिए हजारों मील तक दौड़ी चली जाती है। गौमुख-गंगोत्री से गंगा सागर तक। करोड़ों नर-नारी इसके सहस्रों तीर्थों पर प्रतिदिन श्रद्धा-भक्तिपूर्वक स्नान करके आनंद-पुण्य एवं स्वास्थ्य लाभ करते हैं। गंगा नदी जहाँ पहाड़ों से बहाकर मिट्टी अपने साथ ले जाती है और उसे अपने किनारों पर छोड़कर नया शहर बनाती है, वहीं निस्वार्थ भाव से सबको सुख-समृद्धि देते हुए भौतिक एवं आध्यात्मिक मलों को बहाकर हमें शुद्धता भी प्रदान करती है। इसके जल से लाखों एकड़ भूमि सिंचित की जाती है और विद्युत-शक्ति उत्पन्न कर कल-कारखाने चलाए जाते हैं। यह कहना कतई अतिशयोक्तिपूर्ण नहीं है कि भारतीय सभ्यता का प्रादुर्भाव और विकास गंगा के तट पर ही हुआ होगा। अनेक भारतीय शास्त्रों में गंगा की महिमा का वर्णन अगाध श्रद्धा-भक्तिपूर्वक हुआ है।

गंगा जिस क्षेत्र से प्रकट हुई है, वह है—गंगोत्री क्षेत्र। सागर तल से इस स्थान की ऊँचाई 3140 मीटर है। गंगोत्री नाम इस कारण प्रसिद्ध हुआ कि यहाँ से गंगा उत्तर दिशा की ओर बह रही है।

गंगोत्री क्षेत्र के विषय में स्वामी रामतीर्थ ने एक स्थान पर लिखा है—"प्यारी गंगे ! गंगोत्री, तुम्हारी दिन-प्रतिदिन बढ़ती छवि की छटा और पल-पल चंचल कलकल का कौन वर्णन कर सकता है ? गोरे-गोरे गिरि और भोले-भाले देवदार के वृक्ष, यही तुम्हारे साथी हैं। उनका सीधा-सच्चा प्रभाव कैसा प्रशंसनीय है ! यहाँ आकर यह स्पष्ट मालूम होता है कि परमात्मा पत्थरों में सोता है, लताओं में श्वास लेता है। पशुओं में चलता-फिरता है और मनुष्यों में जीता-जागता है।"

यहाँ भाँति-भाँति के फल-फूलों से जंगल भरे पड़े हैं मानो गिरिराज हिमालय का यह स्थान इंद्र का नंदन-कानन हो। विराट् पहाड़ियों की घाटियों पर चारों ओर सुंदरता-ही-सुंदरता बरस रही है। कलकल करती हुई नदियाँ, धड़धड़ाते हुए नदी-नाल कगार, हमें हर पल अनासक्त भाव से आगे-ही-आगे बढ़ने रहने का संदेश दे रहे-से लगते हैं।

इन्हीं भावनाओं को हृदय में सँजोए हम रहने के लिए किसी स्थान की तलाश में चल दिए। अनेक पंडों एवं एजेंटों ने हमें कुछ जगह दिखाई। अंत में हम 'हिमालय-सदन' के कमरा न. 2 में ठहर गए। सारा दिन बस का सफर किया था, अतएव खाना खाकर जल्दी ही बिस्तर में घुस गए। लेटते ही नींद आ गई।

सवेरे आठ बजे मैं जागा। बाहर का नजारा देखने के लिए खिड़की के पास जाकर खड़ा हो गया। हिमालय के वक्षस्थल पर सुशोभित देवदार और चीड़ के घने वृक्षों ने मेरा मन मोह लिया। गंगा की कलकल और गंगोत्री मंदिर के घंटे की आवाज मुझे हर्षविभोर कर रही थी। अचानक द्वार पर बड़े जोर-जोर से थपथपाहट हुई।

रवींद्र ने दरवाजा खोला तो मैंने देखा कि सदन के दो कर्मचारी लगभग जबर्दस्ती कमरे में घुसे चले आए हैं। उनमें से एक ने मुझे लक्ष्य करके लगभग आदेशात्मक स्वर में कहा—"आप लोग जल्दी से यह कमरा खाली करके दूसरे कमरे में 'शिफ्ट' कर जाएँ।"

मैंने पूछा—"क्यों।"

उसने कहा—"दो परिवार आए हैं। वे एक साथ कमरा चाहते हैं। यह कमरा उन्हीं को दिया जाएगा।"

मैंने कहा—"जब हम इस कमरे में रह रहे हैं और किराया पहले ही

दे चुके हैं तो कहीं और शिफ्ट करने का प्रश्न ही कहाँ उठता है ?"

दूसरा कर्मचारी बड़े अभद्र ढंग से पेश आया और बोला—"आपको यह स्थान छोड़ना ही होगा।"

उनके इस व्यवहार से मुझे बड़ा आश्चर्य हुआ। मैंने मैनेजर से बात करनी चाही तो पता चला कि मैनेजर साहब शाम को 6 बजे के बाद ही मिलेंगे। अब कमरा खाली करानेवाले कर्मचारी ही मैनेजर हैं। उन लोगों के इस व्यवहार से मुझे बहुत धक्का-सा लगा था और मैं सोचता रहा था कि आज तीर्थस्थानों पर भी पैसा कितना हावी हो चुका है। नैतिक मूल्य किस प्रकार नष्ट हो चुके हैं कि पवित्र धामों पर भी ऐसी घटनाएँ घटती हैं।

थोड़ी तलाश के बाद हमें भागीरथी के पुल के पार 'डालमिया-निवास' में एक कमरा मिल गया। यहाँ के मैनेजर श्री दिनेश चंद्र सज्जन व्यक्ति हैं। 'हिमालय-सदन' की घटना का जिक्र उनसे किया तो वे हमें बहुत देर तक सांत्वना देते रहे। एक ही जाति के दोनों लोगों में कितना अंतर था। पहला अपने कर्म-गुण से निम्न, दूसरे को ब्राह्मण कहा जा सकता है।

यह स्थान गंगा के किनारे पर था। इसमें चार कमरे थे। रजाइयाँ, बाथरूम और जलाने के लिए लैंप था। रेस्ट हाउस के बाहर भी काफी जगह थी, वहीं बैंचें पड़ी हुई थीं। 'मूड फ्रेश' के लिए पहले हमने चाय पी, फिर बाहर धूप में आकर प्रकृति की शोभा निहारने लगे। वहाँ बरामदे में कुछ लोग दीवार पुताई का कार्य कर रहे थे। उनमें से एक व्यक्ति हमारे पास आकर हमारा परिचय पूछने लगा। जब उसे यह पता चला कि मैं लेखक हूँ, तो उसने मुझसे कुछ पढ़ने के लिए माँगा। मैंने उसे अपने कुछ लेख पढ़ने के लिए दे दिए। उसका परिचय 'हिकमत सिंह निवासी भटवारी' है। वह पेंटिंग करता था। बातचीत में उसने बताया—"गंगोत्री क्षेत्र में गंगा-तुलसी बहुत अधिक होती है। कई वर्ष तक रखे रहने पर भी उसकी सुगंध नहीं मिटती है। ऊँचे-ऊँचे पहाड़ों पर ब्रह्म-कमल मिलता है जिसे घर में रखना शुभ समझा जाता है। आर्चा की जड़ भी यहाँ मिलती है जिससे घाव भर जाते हैं। कोड़ाई की जड़ को पीसकर पानी के साथ खाने से पेट के लगभग सभी रोगों में आराम मिलता है। रूद्रवंती की जड़ को पीसकर खाने से नाक से खून बहना तथा बवासीर का रोग समाप्त हो जाता है। यहाँ पाँगरी, जंगली पालक और गुच्छी की सब्जी बनाई जाती है, जो गर्म होती है।"

हिकमत से हमें यह भी जानकारी मिली–"गौमुख का ग्लेशियर लाखों साल पुराना है। यह प्रतिवर्ष 3-4 फुट आगे खिसक जाता है। संभवतया पहले गंगोत्री मंदिर के नजदीक ही गौमुख रहा होगा।"

मैंने उससे पूछा–"इस बात का क्या प्रमाण है कि ग्लेशियर प्रतिवर्ष खिसकता है ?"

उसने उत्तर दिया–"यहाँ के लोग निशान लगाते हैं। अगले वर्ष ग्लेशियर को उस स्थान से आगे खिसका हुआ पाते हैं।" हिकमत सिंह की हकीमी को जाँचने का अवसर तो मुझे नहीं मिला फिर भी उसके विश्वास को देखते हुए उसकी बातें यहाँ उद्धृत की हैं।

शाम को हम कमरे का ताला लगाकर गंगोत्री घूमने चल दिए। ठंड हो गई थी, इसलिए मैंने स्वेटर के ऊपर काला शॉल डाल लिया था।

गंगोत्री में भागीरथी का विशाल मंदिर है जिसमें गंगा, यमुना, सरस्वती, लक्ष्मी, पार्वती एवं अन्नपूर्णा की मूर्तियाँ हैं। महाराज भगीरथ की यहाँ हाथ जोड़े हुए मूर्ति है। शंकराचार्य की भी मूर्ति है। पूजा का समस्त सामान स्वर्ण का बना हुआ है। कहते हैं कि यह मंदिर उसी शिला पर बना है जहाँ खड़े होकर भगीरथ ने गंगाजी को पृथ्वी पर लाने के लिए कठोर तपस्या की थी। पांडवों ने महाभारत के युद्ध में अपने बांधवों की मृत्यु के पश्चात् प्रायश्चित स्वरूप देवयज्ञ भी यहीं पर किया था।

गंगाजी के मंदिर के पास ही अनेक देवताओं के मंदिर भी हैं। मंदिर परिसर में चारों ओर पंडों की कुछ कोठरियाँ हैं, जहाँ पर पंडे यजमान का नाम-पता अपनी पोथियों में लिखते तथा पूजा करवाते हैं।

गंगोत्री मंदिर में दर्शनों के लिए काफी लंबी पंक्ति लगी हुई थी। लोगों ने अपने हाथों में पूजा की थालियाँ ले रखी थीं। भारत के कोने-कोने से आए नर-नारी, साधु-संन्यासी विभिन्न वेशभूषा में, हाथों में पूजा की थालियाँ लिये पंक्तिबद्ध होकर अखंड भारत का चित्र उकेर रहे थे। मंदिर मैं पहले भी देख चुका था, अतः हम दूर से ही मूर्तियों को प्रणाम कर बाहर चले आए। मैंने रवींद्र से कहा कि दो किलोमीटर ऊपर गौमुख के रास्ते पर टाट बाबा की गुफा है, चलो उनके दर्शन कर लें।

गौमुख जाने के लिए गंगा किनारे सीढ़ियाँ बनी हुई हैं। मैं और रवींद्र सीढ़ियाँ चढ़ने लगे। हमारी साँस धौंकनी की तरह तीव्र गति से चलने लगी

थी। जैसे-जैसे हम ऊँचाई पर जा रहे थे, ठंड तीव्र होती जा रही थी। लेकिन चढ़ाई के श्रम से हम ठंड में भी पसीने से भीग गए।

एक साधु हमारे पास आकर रुका। उसके हाथ में पूजा की थाली थी। वह गंगोत्री मंदिर से पूजा करके लौट रहा था। साधु ने हमसे पूछा–"कहाँ जा रहे हो ?"

मैंने जवाब दिया–"दो किलोमीटर ऊपर टाट बाबा की गुफा है। पिछले वर्ष मैं उनसे मिला था। अब भी उन्हीं के दर्शनों के लिए जा रहे हैं।"

साधु बोला–"ऊँचाई पर तेजी से न चलो। हल्के-हल्के चलोगे तो साँस नहीं फूलेगी।"

उसके कहे अनुसार हम धीमे-धीमे चलने लगे। सचमुच हमारी साँस फूलनी बंद हो गई और थकान जैसे हवा हो गई। हम आनंदपूर्वक ऊबड़-खाबड़ पथरीले पाहड़ी रास्ते को पार करते हुए गंगोत्री से लगभग दो किलोमीटर आगे गौमुख के रास्ते पर एक गुफा के निकट आ गए।

टाट बाबा अपनी गुफा में नहीं थे। हमें बड़ी निराशा हुई। लेकिन हमारा श्रम अकारथ नहीं गया। नजदीक की दूसरी गुफा में दो साधु बैठे हुए थे। हम उन्हीं के निकट चले गए और अनुमति पाकर वहीं बैठ गए।

रात गहराती जा रही थी। साधुओं ने बड़े प्रेम से हमें चाय बनाकर पिलाई। एक औघड़नाथ काले कपड़े पहने, जटा बढ़ाए 'बम-बम' का नारा लगाते हुए आए और हमारे पास बैठ गए।

परिचय हुआ तो हमने जाना कि औघड़नाथ, जोकि पागलनाथ के नाम से प्रसिद्ध हैं, तपोवन से गौमुख होते हुए गंगोत्री वापस आ रहे थे। साधु-संगत के कारण ही वे वहाँ चले आए थे। मैं भी गेरुए वस्त्रों में ही था, अतः मुझे देखकर उन्हें मेरे साधु होने का भ्रम हो गया था।

औघड़नाथ ने मुझसे पूछा–"यहाँ किस कारण से आना हुआ ?"

मैंने उत्तर दिया–"भारतीय अध्यात्म के रहस्यों के प्रति जिज्ञासा रखते हुए सिद्ध पुरुषों की खोज में यहाँ आया हूँ, ताकि वचनामृत का पान करके स्वयं को कृत-कृत्य कर सकूँ।"

औघड़नाथ मेरे जवाब से जैसे प्रसन्न हो गए हों, मुसकराकर पूछा–"रुके कहाँ हो ?"

मैंने कहा–"नीचे गंगोत्री में एक कमरा लिया है।"

औघड़नाथ की गंभीर वाणी से मैं बहुत प्रभावित हुआ था। मुझे लगा था कि औघड़नाथ को इस क्षेत्र की पूरी जानकारी है और उनसे मुझे कुछ-न-कुछ अवश्य जानने को मिलेगा। बातों-ही-बातों में औघड़नाथ ने हमें साँस की बीमारी खत्म करने का नुस्खा बताया—"नागफनी के चार फन काटकर उनके काँटे निकाल दो। नागफनी के बीच में चीरा लगाकर लाहौरी नमक भर दो। आधा घंटा पीतल की थाली में धूप में रख दो। नागफनी का पानी हो जाएगा। उस पानी को सुबह-शाम एक चम्मच पीने से एक माह में साँस की बीमारी खत्म हो जाएगी।"

मैंने हँसकर कहा—"महाराज, नुस्खा आजमाया हुआ है न ! कहीं साँस ही न खत्म हो जाए।"

औघड़नाथ ने मेरे मजाक का बुरा नहीं माना और बताया कि नुस्खा आजमाया हुआ ही है। मुझे उनका नुस्खा समाज-हित में लगा था, इसलिए मैंने उसे तुरंत नोट कर लिया था।

औघड़नाथ से हुई मुलाकात मुझे अपने उद्देश्य की पूर्ति में सार्थक लग रही थी, अतएव मैंने उनसे निवेदन किया कि वे हमारे साथ ही गंगोत्री चलकर ठहरें। वे इस पर सहमत हो गए और हम गंगोत्री लौट आए।

गंगोत्री में बिजली नहीं है। केवल मंदिर में 'जेनेरेटर' से प्रकाश की व्यवस्था है। टार्च के प्रकाश में हम एक ढाबे में आ गए। वहाँ लालटेन जल रही थी। कुछ मेजें और बैंचें बिछी हुई थीं। दाल-रोटी के लिए कहकर हम एक बैंच पर बैठ गए। पागलनाथ ने अपने खप्पर में ही दाल-रोटी ली और पानी भी उसी से पिया। मैं इससे और अधिक प्रभावित हुआ।

हमारी बगलवाली बैंच पर तीन विदेशी, जिनमें एक पुरुष व दो स्त्रियाँ थीं, बैठे हुए, एक भारतीय युवक से बातें कर रहे थे। भारतीय युवक शायद कुछ नशे की मौज में था। वह फौज में सेवारत था। निकट बैठे होने से वह हमसे मुखातिब होकर हिंदी में बताने लगा कि 'मैं इन विदेशियों को भारतीय रीति-रिवाज के बारे में बता रहा हूँ।' उस फौजी ने उन विदेशियों के खाने का खर्च स्वयं वहन किया। मुझे यह अच्छा लगा कि अतिथि-सत्कार की भावना आज भी भारतीयों के रोम-रोम में व्याप्त है।

भोजन के उपरांत हम लोग ढाबे से बाहर निकल आए और पागलनाथ को साथ लेकर 'डालमिया-निवास' की ओर चल दिए। रास्ते में एक व्यक्ति

ने मुझे नमस्कार किया तो मैंने देखा कि वह पूर्व परिचित व्यक्ति था। उस व्यक्ति से गंगोत्री में पुनः मुलाकात हुई, इससे मुझे बड़ा अच्छा लगा।

उस व्यक्ति ने मुझसे पूछा—"स्वामीजी, आप कहाँ रुके हैं ? कितने दिन के लिए आए हैं ?"

मैंने कहा—"मैं कोई संन्यासी नहीं हूँ। मैं भी आपकी तरह ही गृहस्थ हूँ। पत्नी है, दो बच्चे भी हैं। मैं यहाँ गेरुए वस्त्रों में सिद्ध पुरुषों की खोज करने आया हूँ। जब तक मेरा मन बदल न जाए, तब तक तो मैं यही हूँ।"

उस सज्जन ने पागलनाथ की ओर इशारा करके पूछा—"ये सिद्ध हैं ?"

मैंने उत्तर दिया—"सत्य की तलाश में हूँ, शायद इनसे कुछ मिल जाए।"

उनसे विदा लेकर मैं, रवींद्र तथा पागलनाथ 'डालमिया-निवास' के अपने कमरे में लौट आए। कमरे में केवल दो ही पलंग थे। हमने एक और पलंग का इंतजाम करवाया। ठंड काफी अधिक थी। किसी अपरिचित औघड़नाथ जैसे व्यक्ति के साथ रात को एक ही कमरे में सोने का यह मेरा पहला अवसर था।

पागलनाथ के साथ चर्चा हुई तो मालूम हुआ कि वे बिहार के रहनेवाले हैं। पढ़े-लिखे नहीं हैं। परेशान होकर साधु बन गए थे। अनेक वर्ष श्मशान में रहे हैं। अब से पहले ऋषिकेश में रहते थे। उन्हें साँस की बीमारी थी, जो डॉक्टरों का इलाज कराने पर भी ठीक नहीं हो सकी थी। उन्होंने जो नुस्खा बताया था, उससे उन्हें फायदा पहुँचा था। नाथ पंथ की दीक्षा लेने के बाद उनका नाम पागलनाथ पड़ा था। उन्होंने बताया कि साधुओं में भी अपनी महत्ता प्रकट करने के लिए राजनीति चलती है। काले कपड़े, भभूत, जटा, खप्पर, डमरू आदि साधु का वेश है। मैंने कहा कि इन्हें अपना लेने मात्र से ही कोई साधु नहीं हो जाता, बल्कि संसार के प्रति आसक्ति का त्याग करके ही कोई व्यक्ति सच्चा साधु बन सकता है। पागलनाथ बोले—"रात के अब बारह बजे हैं। सुनो ! सारा हिमालय, भागीरथी एवं इस क्षेत्र के सभी सिद्ध पुरुष हमारी-तुम्हारी बातचीत सुन रहे हैं।"

मेरे मन में कुछ डर की भावना प्रवेश कर गई लेकिन तभी मैंने अपने गुरु का ध्यान किया तो मैं सँभल गया। अपनी बुद्धि पर जोर डाला तो मुझे पागलनाथ की सारी बातें सत्य से दूर ही प्रतीत हुईं। खिन्न मन से कुछ

आवेशित होकर मैंने उन्हें बताया कि खप्पर हाथ में लेना व उसमें खाना-पीना हमारे अहंकार को खत्म करता है। जिस खोपड़ी में अहं था, उससे भिक्षा ग्रहण की तो अहंकार कहाँ रहेगा ? भभूत चिह्न है हमारे नाशवान शरीर का। शरीर की पूर्ति में ही सारा जीवन होम करना व्यर्थ है। यह शरीर पंच तत्त्व–पृथ्वी, अग्नि, जल, वायु और आकाश से मिलकर बना है और नष्ट होकर उसी में मिल जाएगा। अतः भभूत लगाकर हर क्षण हमें इस शरीर की नश्वरता का भान बना रहता है। डमरू, परम ब्रह्म, अक्षर और नाद ज्ञान के प्रतीक हैं। बगैर ज्ञान प्राप्त किए हम सत्य को प्राप्त नहीं कर सकते। काले वस्त्र हमारी संसार में अनासक्ति को प्रदर्शित करते हैं और गले में रुद्राक्ष या सर्प कुंडलिनी शक्ति का प्रतीक है। कुंडलिनी शक्ति ही ब्रह्मांडव्यापी शक्ति है और इस पर कोई शक्ति हावी नहीं हो सकती। लेकिन वह तीव्र जहरयुक्त है, इसीलिए गुरु के मार्गदर्शन की जरूरत पड़ती है। साँप का विष अमृत हो जाता है, यदि उसका उचित प्रयोग हो। सत्य का रास्ता छुरे की धार पर चलने के समान है। उपनिषद में उल्लेख है–हे पुरुष, उठ, जाग व सत्य-ज्ञान के लिए गुरु की शरण में जा।

पागलनाथ ऊँघने लगे थे। फिर भी वे बोले–"आज मुझे महसूस हुआ कि मैं भेड़-तोते की तरह ही साधु था। लोग तो बहुत मिले लेकिन सत्य ज्ञान नहीं मिला। सच्चा मार्ग बहुत कम लोग बताते हैं।" इसके बाद उन्होंने करवट बदलकर मुँह फेर लिया और सोने की चेष्टा करने लगे।

उनके कथन की व्यंग्य-ध्वनि को महसूसता हुआ मैं सोचने लगा कि औघड़नाथ पाखंडी हैं। साँस की बीमारी खत्म करने का नुस्खा बता रहे थे और स्वयं साँस के रोगी हैं। साधु वेश में भिक्षा माँगकर पेट पालनेवाले पाखंडियों ने धर्म का नाश कर दिया है। पुराणों में वर्णित कुछ कल्पित घटनाएँ सुनाकर ये स्वार्थी, लोगों को ठगते हैं। ऐसे लोगों को दान देकर, भिक्षा देकर हम भी भारत के गौरव को कहीं कम ही करते हैं।

आज भ्रमण में मैंने यही पाया कि गंगोत्री में जितने साधु, भिखमंगे, नाथ, नागा व पंडे थे, उतने यात्री नहीं थे। एक-एक यात्री पर पंडे, साधु भिखमंगे ऐसे टूट पड़ते हैं जैसे शिकारी शिकार पर। कुछ आश्रम सहृदय-उदार लोगों ने सेवा भाव का उद्देश्य सामने रखकर बनवाए हैं, जैसे–दंडी स्वामी, मौनी बाबा, काली कमली वाले, वेदांत आश्रम, पंजाब-सिंध क्षेत्र आदि।

लेकिन आज इनमें से अधिकतर कुछ स्वार्थी पंडों के कारण लूट के अड्डे बने हुए हैं।

गंगोत्री जैसे परम पावन तीर्थ पर शांत आलौकिक वातावरण में पतित-पावनी गंगा के किनारे-किनारे बैठे भिखमंगे पैबंद की तरह दिखाई देते हैं। जब कोई विदेशी अतिथि प्रकृति के सौंदर्य का पान करने यहाँ आता है तो ये भिखमंगे उचक-उचककर भीख माँगते हैं। गंगोत्री क्षेत्र में अधिकतर साधु-संन्यासी शिक्षित नहीं हैं। अतएव वे जिज्ञासुओं, विशेषकर विदेशियों की जिज्ञासा शांत नहीं कर पाते। कुछ संत शिक्षित हैं और अंग्रेजी भाषा भी जानते हैं, तो वे किसी अबूझ कारण से विदेशियों से घृणा करते हैं। यदि कोई विदेशी उनसे बात करता है तो उनकी नजर भौतिक सुख-साधनों पर ही लगी रहती है। यदि हम अध्यात्म को भली प्रकार समझ लें और अंग्रेजी भाषा के साथ-साथ विदेशी दर्शनों का भी थोड़ा ज्ञान प्राप्त कर लें, तभी हम उन्हें ठीक प्रकार समझा सकेंगे कि सनातन धर्म ही सारे धर्मों की जननी है। वह कट्टरता का नहीं वरन् योग अर्थात् जोड़ने और सामंजस्य का धर्म है, जिसका आधार है एक-दूसरे को समझो एवं स्वीकारो।

विचारों में खोया मैं गहरी निद्रा में निमग्न हो गया।

5

दुर्गम पथ पर : भोजवासा

प्रातः 8 बजे मेरी आँखें खुलीं तो मैंने पाया कि गंगोत्री मंदिर की घंटियों का मधुर स्वर मेरे कानों में दिव्य नाद की तरह बज रहा है। औघड़ बाबा पागलनाथ मुझसे पहले से ही जगे हुए थे। वे ध्यान की मुद्रा में बैठे थे।

मैंने उठकर कमरे के पट खोले और बाहर झाँका तो सैकड़ों नर-नारी और बच्चों को—'हर-हर गंगे'—के पवित्र स्वर के साथ भागीरथी के पावन जल में स्नान करते हुए देखा। लोग शायद पुण्य प्राप्त करने की इच्छा से बर्फ जैसे शीतल जल में स्नान कर रहे थे। अपने अनुभव से मैं यह जानता था कि गंगोत्री में गंगा का जल बर्फ की तरह शीतल रहता है। मैं उसमें स्नान करने का साहस नहीं जुटा पाया था। लोगों को भक्ति-भावना से स्नान करते हुए देखा तो मन गद्‌गद हो गया।

मुझे अकस्मात् मुसलमान भक्त कवि रसखान की कुछ पंक्तियाँ याद आ गईं, जिनमें उन्होंने गंगा-महिमा का वर्णन किया है—

वेद की औषधि खाई कछु
न करै व्रत संयम री सुनु मोसे
तेरोई पानि पियै रसखानि
संजीवनि लाभ लहै सुख तौसे
ऐ री सुधामयि भागीरथी कोऊ
पथ्य-कुपथ्य करै तऊ पौसे
आक-धतूर चबात फिरै
विष खात फिरै शिव तोरे भरोसे...।

भाव-विभोर मैं कुछ देर तक गंगोत्री में इतराती-शरमाती, स्वच्छंद,

निस्वार्थ, अनासक्त, पवित्र भागीरथी धारा को निहारता रहा। साथ ही उस दिव्य पर्वत हिमालय के प्रति भी मेरा मस्तक नत हुआ, जो अनादि काल से अपनी सुकुमारी, चपल, सुंदर बालिका को गोद में खिलाता चला आ रहा है। यहाँ आकर मुझे यही भान होता है कि देवताओं की इंद्रपुरी अगर कहीं है तो यहीं है। मेरी चेतना-शक्ति की सीमाएँ यहाँ आकर इतनी अधिक फैली हुई लगती हैं, जितनी पृथ्वी के किसी अन्य स्थान पर नहीं लगी थीं। यहाँ आकर दुनिया के सभी तुच्छ नाते जैसे टूट गए हों और मैं अपने भीतर किसी नवीन महाशक्ति के उत्पन्न होने की अनुभूति पाकर गद्‌गद हो उठा होऊँ। मुझे ऐसा लग रहा था जैसे कोई मुझे सशरीर ऊपर और ऊपर उठने की प्रेरणा दे रहा हो।

धूप निकल आई थी। हिमाच्छादित विशाल पर्वत की चोटियों पर सूर्य रश्मियाँ ऐसे छितराई हुई थीं मानो चारों ओर हीरे-जवाहरात चमक रहे हों। सोना दमक रहा हो।

मैं जल्दी से कमरे में आया। रवींद्र को जगाया। शौच आदि से निवृत्त होकर हम तीनों भागीरथी के तट पर आ गए। रवींद्र और बाबा पागलनाथ स्नान करने लगे। इच्छा मेरी भी हुई और मैंने कपड़े भी उतार दिए, लेकिन वहाँ एक तो गंगा गहरी नहीं थी और दूसरे, जल म पत्थर भी बहुत थे। बैठकर भी पानी में सिर नहीं डूब सकता था और पत्थरों से घायल हो जाने का भी खतरा था। इसलिए मैं जल में न उतरा। किनारे की एक चट्टान पर ही बैठ गया। कुछ देर तक लोगों को स्नान करते हुए देखता रहा, फिर मैं ध्यान-मग्न हो गया।

तत्पश्चात् चिंतन शुरू हुआ कि गंगा-स्नान या अन्य किसी साधना का फल मनुष्य को उसकी प्रवृत्तियों अथवा भावना के अनुरूप ही मिल सकता है। स्नान, दान, जप, उपवास, भजन, तीर्थयात्रा आदि सिर्फ बाहरी साधन ही हैं। बाहरी साधन तभी फलीभूत हो सकते हैं जब अंतःकरण शुद्ध हो। जब मन को विषय-वासनाओं, बुरे कामों और विचारों से हटा लिया जाए। हमारे मन में अगर निस्वार्थ भाव हो और हम निस्वार्थ होकर जगत की सेवा या कल्याण करने के इच्छुक हों, तब ही हमारा तीर्थयात्रा करना कुछ मायने रखता है। तीर्थयात्रा से हम स्वयं को पवित्र आचरण में ढालने का प्रयत्न कर सकते हैं।

मैं ध्यान में ही माँ गंगा से प्रार्थना करने लगा—हे माँ गंगा ! मुझे ऐसी प्रेरणा एवं शक्ति दो कि मैं निस्वार्थ, निरपेक्ष होकर प्रत्येक मनुष्य में सम भाव रखता हुआ, दीन-हीन की सेवा में जुटूँ और अपना एवं उनका कल्याण कर सकूँ। पुरातन भारतीय गौरव पर जो धूल की परत जम गई है, उसे झाड़-पोंछकर संसार के समक्ष सच्चा धर्म प्रकट कर सकूँ।

ध्यान तब टूटा जब बाबा पागलनाथ ने जल की कुछ बूँदें मेरे मुख पर टपकाईं। वे मुझे अपने साथ स्नान के लिए आमंत्रित कर रहे थे। मैंने जल में उतरने से इनकार कर दिया और लोटे से ही उसी शिला पर बैठकर स्नान किया। जल में एक गोला बहता हुआ आ रहा था। पागलनाथ ने उस गोले को पकड़ लिया। हम तीनों ने उस गोले को माँ भागीरथी का प्रसाद समझकर मिल-बाँटकर खाया। स्नान के पश्चात् हम अपने कमरे में लौट आए।

सुबह के दस बज चुके थे। नाश्ते के बाद बाबा पागलनाथ हमसे विदा लेकर चले गए।

आज हमारा कार्यक्रम गौमुख जाने का था। गंगोत्री से गौमुख 18 किलोमीटर है। रास्ता ऊबड़-खाबड़ और पथरीला है। गौमुख की यात्रा या तो पैदल की जाती है अथवा घोड़ों पर। रास्ता खराब होने के कारण बहुत कम यात्री गौमुख जाते हैं। अधिकांश यात्री गंगोत्री से ही वापस लौट जाते हैं। सन् 1993 ई. में मैं अकेला ही घोड़े पर सवार होकर गौमुख हो आया था। इस बार हमने पैदल यात्रा करने का निश्चय किया। शंकराचार्य ने कहा था कि अपने पास कुछ न रख और संसार की यात्रा कर।

पिछले अनुभवों से मुझे ज्ञात था कि अपने साथ कम-से-कम सामान रखना चाहिए ताकि रास्ते में कोई परेशानी न हो। रवींद्र ने एक बैग में एक पानी की बोतल, कैमरा, टार्च, एक जोड़ी गर्म कपड़े, चादर, स्वेटर और कुछ दवाइयाँ आदि रख लीं। शेष सामान हमने 'डालमिया-निवास' के चौकीदार बहादुर की सुपुर्दगी में छोड़ दिया। मैंने एवं रवींद्र ने गंगोत्री मंदिर के—बाहर से ही दर्शन किए। तदुपरांत सीढ़ियों के अति दुष्कर रास्ते को पार करके गौमुख की ओर बढ़ चले। मन में यह तीव्र कामना थी कि हमें कुछ सिद्ध पुरुषों के दर्शनों का सौभाग्य प्राप्त हो।

थोड़ी दूर चलने पर रास्ते से कुछ हटकर एक गुफा थी। गुफा के बाहर एक नवयुवक कोकाकोला रंग का चोगा पहने हुए चहलकदमी कर रहा था।

युवक से परिचय प्राप्त करने की इच्छा से हम उसके पास चले गए। मैंने अपना परिचय देकर उससे वार्त्तालाप की इजाजत माँगी।

वह युवक ससम्मान हमें गुफा के भीतर ले गया और बैठने के लिए कहा। गुफा काफी बड़ी थी। वहाँ शिव और दुर्गा के चित्र लगे थे। वह युवक बंगाली जैसा दिखता था। उम्र चालीस के आसपास थी। उसका रंग साँवला था और बाल काफी बढ़े हुए थे। उसने अपना नाम–'सप्तऋषि मंडल का अवधूत देवर्षि'–बताया। कहा–"सन् 1986 ई. में मैं गंगोत्री आया था और सन् 1990 ई. से अब तक इसी गुफा में रहता हूँ।"

मैंने उससे कहा–"महाराज ! मैं योग-पथ का विद्यार्थी हूँ। मेरे गुरु ने मेरी कुंडलिनी शक्ति को अब से बीस वर्ष पूर्व जाग्रत कर दिया था। गुरु की कृपा और पथ-प्रदर्शन से मैं भी कुंडलिनी शक्ति का कुछ जानकार हो गया हूँ। अंतःप्रेरणा व गुरु के आदेश से आप-जैसे सिद्ध पुरुषों से मिलकर, चर्चा कर अपनी जानकारी बढ़ाने का इच्छुक हूँ। मैं एक संन्यासी की तरह नहीं, एक जिज्ञासु-साधक की तरह आपके पास आया हूँ। शक्तिपात करने की योग्यता भी रखता हूँ।"

अवधूत देवर्षि बोले--"शक्तिपात तो बड़ी गूढ़ विद्या है, इसके विषय में मैं क्या कहूँ। शक्तिपात विद्या के जानकार तो अब बहुत ही कम लोग हैं। साक्षात् शिव ही कृपा करें, तब ही मनुष्य इस विद्या में निष्णात हो सकता है। सम्मोहन और शक्तिपात का सफल प्रयोग यदि कोई मनुष्य करके दिखा सकता हो तो हम उसे शिव ही मान लेंगे।"

मैंने कहा–"सब लोगों की यही धारणा है कि शक्ति को गुप्त रखना चाहिए। शक्ति को यदि प्रकट कर दिया जाए तो उसके दुरुपयोग की आशंका है। लेकिन महाराज ! किसी चीज को गुप्त रखा जाए और उसका उपयोग न किया जाए, तो क्या उसके लुप्त होने की आशंका बढ़ नहीं जाती ?"

अवधूत देवर्षि बोले–"यह ठीक कहा तुमने, आज भारत की अधिकांश विद्या इसी कारण लुप्त हो गई है। निरंतर उपयोग से ही किसी शक्ति के विस्तार की गुंजाइश हो सकती है।"

मैंने कहा–"अच्छा महाराज, कुंडलिनी साधना पर कुछ प्रकाश डालिए।"

अवधूत देवर्षि मुसकराए और बोले–"मैं यहाँ एकांत गुफा में रहकर

भजन-पूजा के साथ-साथ कुंडलिनी साधना ही करता हूँ। मैं गुरु द्वारा दिए गए मंत्रों से अपनी कुंडलिनी जगाने के लिए प्रयासरत हूँ।''

मैं चौंका। पूछा—''मंत्रों से...! क्या आपकी कुंडलिनी अभी जाग्रत नहीं हुई है, महाराज !''

देवर्षि ने कहा—''हाँ, मंत्रों से। मन को एकाग्र करने के लिए, विराट् शक्ति से तादात्म्य स्थापित करने के लिए मंत्र की आवश्यकता पड़ती है।...मेरी कुंडलिनी अभी पूर्णतया जाग्रत नहीं हो सकी है। कुंडलिनी जब जाग्रत हो जाती है तो मनुष्य साक्षात् ब्रह्मस्वरूप हो जाता है।''

मुझे लगा देवर्षि अवधूत या तो कुछ जानते नहीं हैं अथवा कुछ बताना नहीं चाहते। ऐसे विचार तो मैं अनेक पुस्तकों में पढ़ चुका हूँ। मैंने कहा—''महाराज, पुस्तकीय ज्ञान की बात न करें, जो अनुभव हों, वह कहें। कुंडलिनी शक्ति का थोड़ा-बहुत मैं जानकार हूँ। गुरु की कृपा से मैं किसी भी व्यक्ति की कुंडलिनी को दस मिनट में जगा सकता हूँ। केवल सामने बिठाकर ही नहीं, दस हजार मील की दूरी से भी शक्तिपात कर सकता हूँ।''

अवधूत देवर्षि ने बहुत गंभीर दृष्टि से मुझे देखा, जैसे परख रहे हों। बोले—''फिर क्यों दर-दर भटक रहे हो ?''

मैंने कहा—''ज्ञान असीमित है। सत्य अभी मुझे नहीं मिला है, इसलिए अपने-आपको साधक ही समझता हूँ। सत्य-ज्ञान की तलाश में ही भटक रहा हूँ।''

अवधूत देवर्षि ने कहा—''मेरी साधना अत्यंत गूढ़ है। प्रत्येक व्यक्ति की नाभि के नीचे मेरूदंड में शक्ति स्थित है। शिव का स्थान मस्तिष्क में है। शिव-शक्ति का मिलन होने पर मुक्ति हो जाती है। मैं तुम्हें कुछ मंत्र दूँगा। एकांत में बैठकर उन्हें जपोगे तो तुम्हारी शक्ति और भी बढ़ सकती है।''

मैं बोला—''महाराज, मेरे गुरु ब्रह्मलीन श्री हरवंश लाल शर्मा ने मुझे मंत्र-साधना से मना किया है। मैं आपकी मंत्र-साधना नहीं ले सकूँगा।''

अवधूत देवर्षि अचानक भड़क उठे—''तो फिर क्यों आए हो, भागो यहाँ से।''

मैंने कहा—''यह आपका अहंकार बोला है, महाराज ! आप साधु होकर क्रोधित हो रहे हैं ! क्या यही आपकी सभ्यता है ?''

अवधूत देवर्षि गरजे–"निकलो यहाँ से, वरना मैं तुम्हारे मुँह पर थूक दूँगा।"

मैंने कहा–"अवधूत देवर्षि, मैं भी योगी हूँ। मुँह सँभालकर बात करो। मेरे पड़बाबा गुरु रामकृष्ण परमहंस हैं। उन्होंने जगत का दुःख और भ्रम मिटाने के लिए विवेकानंद जैसे व्यक्ति दिए हैं। तुम एकांत में साधना करके अपनी मुक्ति की इच्छा रखते हो ! उस पर भी अहंकारी हो ? तुम अगर मुक्त हो भी गए तो क्या होगा ? इससे संसार का क्या भला होगा ? अपने अज्ञानांधकार से बाहर आकर देखोगे तो जानोगे कि ईश्वर, मुक्ति, मोक्ष यह सब मनुष्य की मानसिक सृष्टि ही हैं। राम, कृष्ण, शिव, देवी, बुद्ध या अन्य धर्मों के ईसा और मोहम्मद इत्यादि जितने भी महान अवतार हुए हैं, उन सभी ने संसार के दुखों को मिटाने की प्रेरणा दी है। हजारों लोगों ने इसके प्रयत्न किए, लेकिन क्या संसार से दुख मिट सका ? तुम एकांत में रहकर अपनी मुक्ति के लिए ईश्वर को खोज रहे हो, जबकि ईश्वर प्रत्येक मनुष्य के मन में निवास करता है। मन में निस्वार्थ भाव रखकर, दीन-हीन की सेवा करना ही परमात्मा की सच्ची पूजा है और इसके लिए एकांत में नहीं, बल्कि समाज में रहना पड़ता है। शिव-दुर्गा के चित्र लगाने मात्र से कल्याण नहीं होगा।"

आशा के विपरीत अवधूत देवर्षि शांत हो गए। कुछ देर उनका मौन रहा, फिर बोले–"जरा, मृत्यु, रोग, शोक मिटाने से मिटते नहीं हैं। उन्हें स्वीकार कर लेने में ही मुक्ति है। एक से बढ़कर एक ज्ञानी पुरुष इस संसार में आए और गए लेकिन सर्वज्ञ कोई नहीं रहा। ईश्वरीय ज्ञान असीमित है। असंख्य पृष्ठ हैं, जो अभी तक अप्रकाशित हैं। तुम बहुत बोलते हो ! हमारे पास क्या है और हम संसार को क्या दे सकते हैं, यह जानने के लिए एकांत में चिंतन-मनन की आवश्यकता नहीं है क्या ?"

फिर उन्होंने उठकर मुझे गले से लगा लिया। बोले–"तुम्हारे जैसा जिज्ञासु व्यक्ति मुझे पहली बार मिला है। तुमसे मिलकर मुझे खुशी हुई।"

मैं शर्मिंदा हो गया कि मैंने उनके प्रति कड़वे शब्दों का प्रयोग किया। मैं स्वयं अहंकार का शिकार हो गया था। मैंने उनसे क्षमा माँगी। देवर्षि ने कहा–"हम-तुम भविष्य में मिलकर चिंतन करेंगे।"

देवर्षि अवधूत अघोरपंथी हैं। उन्हें हिंदी, संस्कृत, अंग्रेजी भाषा का ज्ञान है। एक बार लंदन भी हो आए हैं। तंत्र विद्या का उन्हें बहुत ज्ञान था। वे

उन अघोरियों जैसे नहीं थे जो गंदे रहन-सहन, खान-पान, क्रूर व्यवहार और बलि की प्रथा के लिए प्रसिद्ध हैं। लेकिन देवर्षि जैसे लोग अभी भी तंत्र विद्या के बल पर चमत्कार, मारण, वशीकरण का प्रयोग करते हैं। ये विद्याएँ कमजोर दिल वाले व्यक्ति को प्रभावित कर सकती हैं। दृढ़ संकल्पी का ये कुछ नहीं बिगाड़ सकतीं। उनसे विदा लेकर हम आगे चले।

आगे का रास्ता पत्थरों पर से था। थोड़ी दूर चलने पर एक पगडंडी का मार्ग मिला। वह पगडंडी एकदम सीधी ऊपर की ओर जा रही थी। उस चढ़ाई को हमने बहुत धीरे-धीरे चलते हुए पार किया। कुछ और आगे बढ़े तो एक दूसरा ही मार्ग आ गया। भुरभुरी मिट्टी के पहाड़ पर एक फुट चौड़ी पगडंडी थी और नीचे ढलान था। रास्ता कुछ भयंकर और रोमांचकारी-सा था। कदम-कदम पर पाँव भुरभुरी मिट्टी में धँस-से जाते थे। हमें अब कुछ थकावट महसूस होने लगी थी।

कुछ दूर और आगे चले तो हरियाली नजर आने लगी। वहाँ चीड़ और पीपल के वृक्ष थे। पीपल को यहाँ की भाषा में बेनू कहा जाता है। बहुत-सी झाड़ियाँ थीं, जो पाँच-छः फुट ऊँची थीं और जिनके पत्ते लाल थे। बीच-बीच में हर एक या दो किलोमीटर पर रुककर चाय पीकर सुस्ताते हुए हम आखिर देवगौड़ा पहुँच गए।

देवगौड़ा गंगोत्री से 5 किलोमीटर दूर समुद्र तल से 3500 मीटर की ऊँचाई पर स्थित है। जहाँ जलवायु में परिवर्तन का अहसास हुआ। लगा कि हवा कुछ अधिक शीतल है और साँस लेने में तकलीफ हो रही है।

मैंने रवींद्र से कहा—"धन्य हैं वे लोग जो ऊँचे क्षेत्रों तक चढ़े चले जाते हैं, क्योंकि वे परमेश्वर का साक्षात्कार करेंगे।"

गंगोत्री से लगभग 9 किलोमीटर की दूरी पर चीड़वासा नामक जगह है। यह स्थान समुद्र तल से 3800 मीटर की ऊँचाई पर है। चीड़वासा में शायद कभी चीड़ के बहुत अधिक वृक्ष रहे होंगे, इसी कारण इस स्थान का यह नाम पड़ा। यह बड़ा ही मनोरम स्थान है—एकांत और निर्जन। चारों ओर बर्फ से ढँकी चाँदी-सी सुंदर, स्वच्छ चोटियाँ चमकती दिखाई देती हैं। हिमालय का सौंदर्य यहाँ अवर्णनीय है। भागीरथी गंगा यहाँ पहाड़ों के बीच अल्हड़ युवती की तरह किलोल करती प्रतीत होती है। दोपहर 2.30 बजे हम चीड़वासा पहुँच गए थे। यहाँ अनेक ढाबे हैं जिनमें खाना बहुत अच्छा और सस्ता मिलता

है। रात्रि विश्राम के लिए यहाँ स्थान केवल बीस रुपए में मिल जाता है। हम बहुत थक चुके थे, अतः खाना खाकर हमने यहाँ कुछ देर विश्राम किया।

विश्राम के पश्चात् तरोताजा होकर हम आगे चलने के लिए तैयार हुए तो मालूम हुआ कि आगे कच्चा पहाड़ है। रास्ता टूट-फूट गया है और ऊपर से पत्थर लुढ़कते आ रहे हैं। ऊपर से लुढ़कते पत्थरों से बचते-बचाते हुए, राम-राम करके किसी तरह हमने वह रास्ता पार किया। यदि पैर फिसल जाता तो हम सैकड़ों फुट गहरी खाई में गिर सकते थे। एक-दो स्थानों पर तो पत्थर इतने नीचे और रास्ते की तरफ आगे को निकल हुए थे कि उनसे बचने के लिए हमें बहुत झुककर, सँभल-सँभलकर चलना पड़ा। ऐसी अनेक जगह राह में आईं, जो हमने जान हथेली पर रखकर पार कीं। रास्ते में बरड़ नामक पहाड़ी जानवरों की एक टोली दिखाई दी। उस टोली में जानवरों की संख्या 10-15 थी। बरड़ के सींग भेड़ जैसे और शेष शरीर हिरन जैसा था।

प्रमुख बात यह है कि गौमुख जानेवाले लोगों में ज्यादातर विदेशी यात्री ही थे। भारतीय लोग बहुत कम थे और उनमें भी संन्यासी और बंगाली यात्री ही अधिक थे। एक बंगाली परिवार से मैंने पूछा—"आप लोग गौमुख क्यों जा रहे हैं ?"

उस परिवार के मुखिया ने जवाब में कहा—"स्वामीजी, गंगा हमारी माँ है। गंगा सागर में गंगा का समुद्र से मिलन हम देखते हैं, अतः प्रत्येक बंगाली की इच्छा होती है कि वह कभी-न-कभी गंगा के उद्गम स्थल को भी देखे। इसीलिए जो भी बंगाली यात्री गंगोत्री आता है, वह गौमुख अवश्य जाता है।"

विशेष बात यह है कि कोई भी विदेशी घोड़े पर सवार होकर गौमुख नहीं जा रहा था जबकि आधे से अधिक भारतीय घोड़ों पर सवार थे।

शाम के 5 बजे हम गंगोत्री से 14 किलोमीटर दूर भोजवासा नामक स्थान पर पहुँच गए। भोजवासा में कभी भोजपत्रों के बहुत-से वृक्ष रहे होंगे, लेकिन अब वहाँ भोजपत्रों के वृक्ष नाममात्र को ही हैं। हाँ, चीड़वासा से पहले ही एक भोजपत्रों के वृक्षों का वन हमने देखा था। उस वन में भोजपत्रों के वृक्ष ऐसे लगते थे, जैसे अजगर खड़े हों और उनके शरीर रूपी तने पर जगह-जगह गुलाबी-काली-सफेद धारियाँ पड़ी हुई हों। हमें पता चला कि हिमालय पर जितनी ऊँचाई पर भोजवृक्ष पैदा होते हैं, उतनी ऊँचाई पर किसी अन्य जाति के पेड़ नहीं पैदा हो सकते। भोजपत्र के पत्ते कागज के आविष्कार

से पूर्व लिखने के प्रयोग में आते थे। इनके ताबीज भी बनाए जाते थे। भोजपत्र की छाल का उपयोग ताड़पत्रों की तरह वस्त्रों के रूप में भी होता रहा है।

भोजवासा में लाल बाबा का आश्रम है। गंगोत्री से गौमुख जानेवाले ज्यादातर यात्री 14 किलोमीटर का सफर करके रात्रि भोजवासा में ही बिताते हैं। यहाँ एक 'टूरिस्ट-बँगला' है। लेकिन 'टूरिस्ट-बँगले' के मैनेजर अतुल चौहान ने 27 सार्वजनिक 'बेड' खाली होने पर भी यात्रियों के विश्राम के लिए 'बेड' नहीं दिए। मैनेजर ने कहा—"सभी बेड 'एडवांस बुक' हैं। रात को सात बजे यात्री आएँगे। तभी पता चलेगा कि 'बेड' दिए जा सकते हैं अथवा नहीं।"

'टूरिस्ट-बँगले' के सामने ही किसी पार्टी ने 'टैंट' लगाकर विश्राम के लिए 'बेड्स' की व्यवस्था की हुई थी। वहाँ 'बेड' उपलब्ध कराने की कीमत 'टूरिस्ट बँगले' से अधिक थी। मुझे तो यही लगा कि श्री अतुल चौहान ने शायद 'टैंट पार्टी' से कोई समझौता किया हुआ है कि यात्रियों को वे 'टैंट' में विश्राम के लिए विवश करेंगे। क्योंकि 'टूरिस्ट-बँगले' में यात्रियों को स्थान नहीं मिला, इसलिए ज्यादातर यात्री 'टैंट' में विश्राम के लिए चले गए। फिर भी कुछ लोग 'टूरिस्ट-बँगले' में ही रुककर शाम को सात बजने का इंतजार करने लगे कि उन्हें 'बेड' मिलेगा अथवा नहीं, यह ज्ञात हो।

बारिश शुरू हो गई थी, बाद में बर्फ भी गिरने लगी।

भयंकर सर्दी पड़ रही थी। दाँत किटकिटाने लगे थे। अंगुलियाँ सुन्न पड़ने लगी थीं। यात्रियों को बैठे-बैठे घोर असुविधा का सामना करना पड़ रहा था। लेकिन मैनेजर श्री अतुल चौहान का दिल नहीं पसीजा। ढाई-तीन घंटे तक वह वहीं बैठा हुआ अपने साथियों के साथ गपशप करता रहा। यात्रियों के बार-बार अनुरोध करने भी वह बहानेबाजी करता रहा।

शाम को सवा सात बजे तक 'एडवांस बुकिंग' करानेवाले यात्रियों में से कोई नहीं आया। फिर भी सत्ताईस में से केवल नौ यात्रियों को ही 'बेड' दिए गए। मेरे भीतर अचानक कुछ परिवर्तन-सा हुआ और मेरे शरीर में कंपन प्रारंभ हो गया। तुलसीदास ने कहा है—'भय बिन होई न प्रीत।' पुराने जमाने में ऐसे ऋषि-योगी-तपस्वी होते थे जो शाप दे दिया करते थे और उनके शाप के डर से राजाओं के हृदय भी काँप उठते थे। मुझे अंतःप्रेरणा मिली : इस

स्वार्थी अतुल चौहान पर अपनी योग व सम्मोहन शक्ति का प्रयोग करूँ। यह ऐसे नहीं मानेगा।

भोजवासा में हारे-थके तीर्थयात्रियों को भयानक ठंड में दो घंटे तक परेशान करनेवाले स्वार्थी मैनेजर अतुल चौहान को मैंने एकटक घूरना प्रारंभ किया। जैसे ही उसकी नजरें मेरी नजरों से टकराईं, वह असहज हो गया। पहले उसने मेरी आँखें से आँख मिलाने की चेष्टा की, लेकिन मेरी नजरों की ताब न झेल सकने के कारण फौरन नजरें फिरा लीं। फिर असंतुलित होकर उसने अपने दोनों हाथों से अपना सिर पकड़ लिया। उसके सिर में दर्द हो गया था।

मैंने उसे अपनी सम्मोहन विद्या से अपनी ओर आकर्षित कर प्रभावित कर लिया था। फिर मैंने उसे आदेश दिया—"मैनेजर, हम सब लोगों को रात्रि विश्राम के लिए 'बेड' दो।"

मैनेजर उठकर मेरे पास चला आया। बोला—"स्वामीजी, आप कृपा करके मेरी ओर इस तरह मत देखिए। चलिए, सबसे पहले मैं आपको ही 'बेड' दूँगा।"

मेरा प्रयोग सफल हुआ था। मैंने कहा—"नहीं, पहले दूसरे यात्रियों को स्थान दो, तब मैं 'बेड' लूँगा।"

मैनेजर ने हम सब लोगों को 'बेड' उपलब्ध करवा दिए। सबने राहत की साँस ली।

मैंने बिस्तर की प्राप्ति के लिए नहीं, बल्कि उस स्वार्थी मैनेजर को सबक सिखाने के लिए अपनी योग-शक्ति का तनिक उपयोग किया था, जिसमें मुझे सफलता मिली। शक्ति का समाज-हित में प्रयोग हो तो उसके द्वारा अन्य शक्तियों का अंकुर फूटता है। सहस्रों शक्तियों की धार से व्यक्ति में अभूतपूर्व परिवर्तन होता है। इन्हीं शक्तियों का दुरुपयोग जब अपने भौतिक सुखों की प्राप्ति के लिए होता है तो व्यक्ति अहंकारी होकर अपना ही विनाश कर लेता है। हम वहाँ से अपने कमरे की ओर चल दिए।

6

गौमुख : प्रकृति और ब्रह्म का संगम

भोजवासा के गढ़वाल टूरिस्ट-बँगले में...रात को ठंड अपनी चरम सीमा पर थी। मैं लगभग दो घंटे तक एक ही करवट के सहारे लेटा रहा। दूसरी करवट बदलने की चेष्टा मात्र से शरीर कँपकँपा जाता था। हड्डियों में सिहरन दौड़ जाती थी। कमरे में मद्धिम लालटेन जल रही थी। उसका झीना प्रकाश सारे कमरे में फैला हुआ था। लालटेन की धीमी रोशनी ने भूख, प्यास, थकावट और सर्दी के कष्ट के बावजूद मेने मन में एक नई आशा, स्फूर्ति का संचार कर दिया था। लालटेन की बत्ती की ज्योति मुझे कष्ट सहन करने की प्रेरणा दे रही थी। सारी रात बड़ी कशमकश में बीती। बहुत देर से नींद आई।

सुबह उठा तो बाहर बारिश की मानिंद रूई के फाहे जैसी बर्फ गिर रही थी। कहाँ जून के महीने में मैदानों में चिलचिलाती लू के थपेड़े और कहाँ भोजवासा में बर्फ का गिरना ! पहाड़ और मैदान का यह अंतर मुझे प्रकृति की महिमा और ईश्वरत्व का भान करा रहा था। कुछ लोग बाहर बर्फ में खड़े 'स्नोफाल' के दृश्यों को कैमरे में कैद करने की कोशिश कर रहे थे।

हमारे कमरे में कुल नौ स्त्री-पुरुष थे जिनमें से दो लोगों की तबीयत ठंड लगने से खराब हो गई थी। वहाँ होम्योपैथी की एक लेडी डॉक्टर थी। उसने बहुत हमदर्दी से बीमार यात्रियों को दवाएँ दीं। दैनिक क्रम से निवृत्त होकर हम लोग कैंटीन में गए। वहाँ हमने एक गिलास पाउडर का दूध और कुछ बिस्किट लेकर नाश्ता किया।

कैंटीन में एक मेज पर चार विदेशी लोग बैठे थे। वे चाय पीने के साथ-साथ डायरी लिख रहे थे। उनका इस प्रकार डायरी लिखना मुझे बहुत अच्छा लगा। लेखक होने की हैसियत से मैं यह महसूस कर सकता हूँ कि प्रमुख चीजों को प्रत्यक्ष देखकर नोट कर लेने के बाद ही मौलिक और

सारगर्भित लेखन किया जा सकता है। विदेशी लोग भ्रमण करते समय डायरी अवश्य लिखते हैं जिसकी मदद से इस काल को वे भविष्य में कभी पुनः जी सकते हैं, जबकि भारतीयों को यह आदत नहीं है। अधिकतर भारतीय यहाँ-वहाँ निरुद्देश्य घूम लेना, थोड़ी-बहुत मौज-मस्ती कर लेना ही पर्याप्त समझते हैं। गौमुख जैसे स्थानों पर भारतीय यात्री तो तीर्थयात्रा का पुण्य लूटने ही जाते हैं। मैं उन विदेशियों से बातचीत करने का इच्छुक था, परंतु अंग्रेजी भाषा भली-भाँति न जानने के कारण संकोच में रहा। हीन भावना से दबा बात नहीं कर सका।

सुबह 10 बजे मौसम कुछ साफ हो गया। कैंटीन में कुछ लोगों ने बताया कि गौमुख पर बहुत ज्यादा बर्फ गिरी है। यह सुनकर भारतीय टूरिस्ट गौमुख जाने का साहस न कर पाए, लेकिन अंग्रेज फिर भी जा रहे थे। मैं अपने कार्यक्रम में परिवर्तन का इच्छुक नहीं था, लेकिन मौसम का हाल सुनकर और साथी रवींद्र की तबीयत अचानक खराब हो जाने से मेरे मन में भी निराशा घर करने लगी थी। कुछ देर तक मैं पेशोपेश में पड़ रहा। गौमुख के आकर्षण में यहाँ तक खिंचे चले आए हैं और यहाँ आकर...वापस लौटना मुझे किसी भी दृष्टि से उचित प्रतीत नहीं हो रहा था।

अंत में मैंने निश्चय किया कि प्रत्येक मनुष्य को अपने जीवन में पग-पग पर बाधाओं का सामना करना पड़ता है। किसी मनुष्य के लिए यह कदापि उचित नहीं है कि वह साहस खो दे। साहस से काम लिये बिना कोई उपलब्धि हासिल नहीं की जा सकती। एक गोताखोर बहुमूल्यवान मोतियों को तब ही प्राप्त कर सकता है जबकि वह गहरे समुद्र में गोता लगाए। स्पंदन या गति ही तो जीवन है, रुकना तो मौत की ही निशानी है। इसलिए मैं अकेला ही गौमुख की ओर चल दिया।

रास्ता पथरीला और पेड़-रहित था। मौसम साफ नहीं था। रास्ते पर कहीं-कहीं ताजा बर्फ बिछी थी। तेज बर्फीली हवा के झोंकों से मेरी गर्म चादर उड़-उड़ जाती थी। लगभग तीन किलोमीटर तक बड़े-बड़े पत्थरों पर चलने से मेरे पैरों में छाले पड़ गए थे। एक पत्थर से ठोकर खाकर मेरे एक पैर का अँगूठा भी जख्मी हो गया था। दोपहर 12 बजे के करीब मैं एक ढाबे के नजदीक पहुँच गया। वहाँ रुककर मैंने चाय पी। ढाबा मालिक ने बताया कि गौमुख अभी एक किलोमीटर दूर है। आगे जाने के लिए कोई पगडंडी

नहीं थी। ऊबड़-खाबड़ पत्थरों पर ही आगे बढ़ना पड़ता था। थोड़ी दूर आगे चलने पर मुझे एक गुफा नजर आई। मैं उसकी ओर बढ़ गया। नजदीक पहुँचकर मैंने देखा कि वह एक साधु की गुफा थी। गुफा के बाहर बोर्ड लगा था—बर्फानी बाबा।

मैं गुफा में प्रविष्ट हो गया। गुफा में एक साधु धूनी जलाकर बैठा हुआ था। मैंने उसे प्रणाम किया। साधु ने मेरा स्वागत करते हुए बड़े प्यार से मुझसे बैठने का आग्रह किया। मैं बैठ गया, तदुपरांत साधु ने चाय, घी डालकर पिलाई। ऐसे सिद्ध पुरुषों से आशीर्वाद और ज्ञान प्राप्त करने के उद्देश्य से ही तो मैं इतनी दूर तक चलता चला आया था। उनसे मिलकर मेरा मन प्रसन्न हो गया। सारी थकान उनके निकट बैठने से ही जैसे हवा हो गई थी। मैंने उन्हें अपना परिचय दिया और उनका परिचय प्राप्त करने की इच्छा प्रकट की। साधु ने अपना नाम—'व्यास गिरी बर्फानी बाबा'—बताया।

बर्फानी बाबा बोले--"तुम कुंडलिनी योग के प्रति जिज्ञासु हो, यह जानकर मुझे खुशी हुई। गौमुख में विभिन्न शक्तियों से संपन्न साधु पुरुष आते हैं। मैं उनसे परिचय प्राप्त करता हूँ, सीखता हूँ और जो कुछ ज्ञान-शक्ति अर्जित की है, उसे दूसरों को प्रदान भी करता हूँ।

"मैं नागा संप्रदाय का साधु हूँ, एवं खोजी प्रवृत्ति का हूँ। नागा संप्रदाय में जब किसी को दीक्षित किया जाता है तो गुरु उसकी कामेंद्री को अपने हाथ से तोड़ देता है। क्योंकि काम ही मनुष्य का सबसे बड़ा शत्रु है। जब किसी मनुष्य की कामेंद्री ही बेकार हो जाएगी तो उस मनुष्य की सारी शक्ति, सारा ध्यान, काम पर न जाकर राम पर केंद्रित हो जाएगा। काम की ऊर्जा क्षरित न होने से व्यक्ति में अनेक गुप्त शक्तियों का प्रादुर्भाव हो जाएगा और वह व्यक्ति भटकेगा नहीं।"

मुझे इस पर बड़ा आश्चर्य हुआ और मैंने कहा—"ऐसा कैसे संभव है ? किसी व्यक्ति को नपुंसक बनाने से वह व्यक्ति महान कैसे हो जाएगा ? आज तक कोई नपुंसक व्यक्ति महान नहीं हुआ। काम-ऊर्जा के ऊर्ध्वगमन से व्यक्ति की कायापलट हो सकती है, इसे तो मैं सच स्वीकार कर सकता हूँ लेकिन मेरे विचार से काम को यदि हम अपने मन से मारें, तब ही यह काम की ऊर्जा हमें राम बना सकती है। महाराज, मैं एक गृहस्थ हूँ और गृहस्थी के अशांत वातावरण में रहकर स्वयं को अनासक्त, सम्यक और शांत रखने

की चेष्टा करता हूँ। इसीलिए मैं स्वयं को योगी कहता हूँ। कृष्ण, नानक, गौतम, महावीर, कबीर आदि ने अनासक्ति को ही महानता का सूत्र माना है और इसे ही सर्वोपरि भाव कहा है।"

बर्फानी बाबा बोले—"मन चंचल है, प्रत्येक क्षण मन में नई भावना जन्म लेती है। संसार के बड़े-से-बड़े तपस्वी, योगी, सिद्ध पुरुष इस काम की भावना को मार नहीं सके हैं। मन की वृत्तियाँ चाहे सात्विक हों, तामसिक हों या राजसिक सबका कारण काम ही है। ईर्ष्या, द्वेष, स्वार्थ, असत्य, क्रोध, अहंकार सबका जन्मदाता काम ही है। विश्वामित्र इस काम की ही भावना के कारण अपनी साधना से गिर गए थे।"

मैंने पूछा—"क्या नपुंसक बना दिए जाने से यह भावना खत्म हो जाती है ?"

बर्फानी बाबा बोले—"हमारी दीक्षा नपुंसक बनाने की नहीं है, वरन् इसमें बड़ी उच्च भावना है। हम वीर्य को शरीर से बाहर निष्कासित न कर उसे मस्तिष्क में खींच लेते हैं। मानव मस्तिष्क एक लघु ब्रह्मांड की तरह होता है। उसमें अंशतः एवं सूक्ष्म रूप से समस्त शक्तियों का वास है। वीर्य की शक्ति से हम दिव्य शक्तियों का प्रादुर्भाव अपने भीतर कर लेते हैं। फिर जिस इंद्रिय का हम उपयोग नहीं करते, वह स्वतः ही निष्क्रिय-निश्चेष्ट हो जाती है। तब उसकी आवश्यकता ही नहीं रह जाती। इसीलिए नागा संप्रदाय का साधु अपने शिष्य की कामेंद्री प्रारंभ में ही तोड़ देता है।"

मैंने इस प्रसंग को तूल देना अच्छा नहीं समझा, इसीलिए बात बदलते हुए कहा—"अपनी कुछ शक्ति मुझे भी प्रदान कीजिए न, महाराज !"

बर्फानी बाबा ने कहा—"आज की रात यहीं रुको, तो मैं तुम्हें अपनी शक्ति दूँगा। जाओ, पहले गौमुख के दर्शन कर आओ।"

बर्फानी बाबा की आज्ञा पाकर, उन्हें नमस्कार कर मैं करीब आधा किलोमीटर तक बड़े-बड़े पत्थरों वाले ऊबड़-खाबड़ रास्ते को पार करता हुआ, पवित्र गौमुख गुफा तक जा पहुँचा।

मौसम अब तक साफ हो गया था। धूप निकल आई थी। धूप की गर्मी को वातावरण की ठंडी हवा ने दबा रखा था। दिन के दो बजे थे।

गौमुख 4100 मीटर की ऊँचाई पर अवस्थित हजारों वर्ष पुरानी, बर्फ से ढकी तीन गुफाओं में से एक मध्य की गुफा है। गुफा की ऊँचाई 40 फुट

और चौड़ाई 60-70 फुट है। गौमुख गुफा का आकार सँकरी गुफा जैसा है, जिसके भीतर कोई प्रवेश नहीं कर सकता। इस गुफा में विशाल हिमखंड एवं पत्थर ठसाठस भरे हैं। गुफा का रंग हल्का हरा-नीला-सा और कहीं-कहीं मटमैला है। गौमुख के इर्द-गिर्द वाली दोनों गुफाएँ भी हिम तथा पत्थरों से भरी हुई हैं। गौमुख गुफा से टपकी पानी की बूँदें शून्य में लटकी हुई-सी थीं। वे मोती की लड़ियों जैसी दिखती थीं, क्योंकि उनका पानी ठंड के कारण जम गया था। भागीरथी यहीं से निकल रही है। आसपास के पहाड़ों से और हिमनद से बर्फ पिघल-पिघलकर, बूँद-बूँद एकत्र होकर ग्लेशियर के नीचे-नीचे अनेक धाराओं में बहती हुई गाय के मुँह जैसी गुफा से बाहर निकलकर भागीरथी गंगा के रूप में प्रकट होती है। भागीरथी का जल यहाँ कुछ मटमैला-सा और बहाव बहुत तेज है। यहाँ कोई मंदिर अथवा मूर्ति नहीं है। बर्फ से ढकी विशाल चोटियाँ और भागीरथी की पवित्र धारा ही दर्शनीय है।

मैं भागीरथी के तट पर हिमशिला के निकट पत्थरों पर बैठा हुआ, गौमुख की अप्रतिम शोभा बड़ी देर तक निहारता रहा। बर्फ जैसे ठंडे जल में नहाने की तो कोई तुक थी ही नहीं, लेकिन फिर भी पवित्रता के अहसास से भरकर पानी के कुछ छींटे अपने प्रत्येक अंग पर डाल लिये। मैं लगभग हर्षविभोर वहाँ का सारा दिव्य सौंदर्य अपनी आँखों के द्वारा अपने हृदय में उतार लेना चाह रहा था। प्रकृति ही परमात्मा है और परमात्मा ही प्रकृति। यहाँ मुझे अनुभव हुआ जैसे मैं बिना किसी प्रयास के गहन समाधि में लीन हो गया हूँ। मन में उमड़-घुमड़ रहे समस्त विचार इस पवित्र भूमि की दैवीय शोभा में आकर जैसे विलीन हो गए थे और मैं मन में परम शून्य का अनुभव कर रहा था। प्रकृति से तादात्म्य स्थापित होने जैसी दिव्य अनुभूति से मैं अभिभूत हो गया।

मेरे भीतर इतना विराट् परिवर्तन हुआ कि अपनी अस्मिता के प्रति मैं गौरव भाव से भर उठा। लगा कि मैं अनेक अदृश्य सूक्ष्म सिद्धियों का स्वामी हो गया हूँ। अपनी इच्छा मात्र से जगत का कोई भी कार्य कर सकता हूँ।

गौमुख से निकलती भागीरथी धारा में मैंने कृष्ण की गीता, ईसा की बाइबिल, पैगंबर साहब की कुरान, बुद्ध और महावीर के ज्ञान की ज्योति के दर्शन कर लिये। प्रत्येक धर्म का उद्गम मुझे भागीरथी के उद्गम की तरह पवित्र, निस्वार्थ व मानव-कल्याण के लिए हुआ प्रतीत हुआ। जैसे विभिन्न

स्थानों पर माँ भागीरथी प्रदूषित हो गई है, वैसे ही अपने क्षुद्र स्वार्थों के कारण मनुष्य ने धर्म को भी गंदा कर दिया है। मेरे सारे संशय, संकल्प-विकल्प यहाँ आकर मुझे खत्म हो गए-से लगे और मैंने दिव्य समाधि में परम शांति एवं आनंद का वर्णनातीत अनुभव किया।

जर्मन दार्शनिक काउंट **हर्मन कैसरलिंग** की पुस्तक **'एक दार्शनिक की डायरी'** जिन लोगों की नजर से गुजरी होगी, उन्हें पुस्तक का यह अंश तो स्मरण होगा ही कि 'भारत भूमि प्रत्येक दिशा में तीर्थयात्रा मार्गों से भरी हुई है। थोड़ी-थोड़ी दूरी पर पवित्र स्थान हैं। इस प्रकार बार-बार और हर बार नए रूप में पर्यटक को भगवान का स्मरण कराया जाता है। पर स्मरण इतने शक्तिशाली रूप में कहीं नहीं होता, जितना गंगा के तट पर गौमुख में। गौमुख से गंगा घने पर्वतीय जंगलों से होकर बहती है जहाँ ऋषि-मुनि निवास करते हैं। जिनके लिए जीवन-मरण समान है।' यही अनुभव शत-प्रतिशत मुझे भी हुआ।

गौमुख के करीब मैं एक गुफा के नजदीक आकर रुका। उस गुफा में दो कमरे थे। एक कमरे में एक सिद्ध पुरुष बैठे थे। उनके चारों ओर कुछ विदेशी स्त्री-पुरुष बैठे थे। सिद्ध पुरुष के चरण स्पर्श करके मैं भी वहीं बैठ गया। वे सिद्ध पुरुष ओमगिरी नाग बाबा थे। वे पूर्णतया नग्न थे। उनकी जटाएँ काफी बड़ी थीं और उन्होंने अपने शरीर पर भस्म लगाई हुई थी। ओमगिरी नाग बाबा के चेहरे पर अद्‌भुत तेज विराजमान था। ओमगिरी बाबा की वाणी में अद्‌भुत मिठास थी। वे अंग्रेजी में विदेशियों से बातचीत कर रहे थे। मुझे आश्चर्य हुआ कि मैं तो गर्म कपड़े पहने हूँ और तब भी ठंड से किड़किड़ा रहा हूँ जबकि नाग बाबा एकदम नग्न हैं और फिर भी शांत बैठे हैं !

नाग बाबा ओमगिरी ने मुझे जड़ी-बूटियों की चाय पीने को दी। उनसे इजाजत लेकर मैं वहाँ ध्यान करने के लिए बैठ गया। गुरु के ध्यान के बाद कुंडलिनी शक्ति के जागरण से मेरे शरीर में कंपन होना शुरू हुआ। श्वास-प्रश्वास धौंकनी की तरह चलने लगी। मैंने ओमगिरी बाबा से शक्ति एवं प्रेरणा देने का अनुरोध किया।

ओमगिरी बाबा बोले—"तुम चाहते क्या हो ?"

मैंने कहा—"आपका आशीर्वाद।"

ओमगिरी नाग बाबा ने मेरे सिर पर, नाभि पर एवं सारे शरीर पर अपने हाथ का स्पर्श किया। मुझे ऐसा लगा जैसे मेरे अंग-अंग में अजस्र शक्ति का स्रोत फूट पड़ा हो।

ओमगिरी बाबा ने कहा—"मेरा आशीर्वाद तुम्हें मिल गया है, अब आँखें खोलो।"

मैंने आँखें खोलीं। वहाँ उपस्थित लोग कौतूहल से हमें देख रहे थे।

ओमगिरी बाबा बोले—"मैं गौमुख से 6 किलोमीटर आगे तपोवन में एक गुफा में रहता हूँ। तेरा अहोभाग्य कि तुझे मेरे दर्शन हो गए। मैं तो आज ही गौमुख आया हूँ। तेरी साधना की बहुत-सी गाँठें मैंने खोल दी हैं। मैं तुझे आशीर्वाद देता हूँ कि तू भारतीय योग विद्या में निपुण होगा और निस्वार्थ भाव से जगत का कल्याण करेगा। याद रख कि—

जीवन में सुख-दुख की घड़ियाँ
आती हैं, चली जाती हैं
ज्ञानी के हृदय में क्षोभ नहीं
मूर्ख को नाच नचाती हैं...।

मैं अलौकिक आनंद में मस्त हो गया था। ओमगिरी बाबा के पाँव छूकर मैंने उनसे विदा ली और उनकी गुफा से बाहर निकल आया। अतृप्त नेत्रों से एक बार फिर उनकी गुफा को देखकर मैं गौमुख से वापस बर्फानी बाबा की गुफा में आ गया। (बीच में प्रयागगिरी की कुटिया थी।)

बर्फानी बाबा मुझे देखकर खुश हुए। बोले—"आओ, मैं तो तुम्हारा ही इंतजार कर रहा था।" उन्होंने दाल-रोटी बना रखी थी। बड़े अपनत्व और प्रेम से मुझे खाना खिलाया।

शाम के 6 बज चुके थे। मुझे अपने साथी रवींद्र का खयाल हुआ कि वह भोजवासा में अकेला-बीमार मेरा इंतजार कर रहा होगा। मैंने बर्फानी बाबा से कहा—"मैं अब चलूँगा। मेरा साथी मेरा इंतजार कर रहा होगा, मुझे उसके पास जाना है।"

बर्फानी बाबा बोले—"आज की रात तुम यहीं रुक जाओ। सवेरे चले जाना। तुम्हारे साथ रहकर मुझे अच्छा लगेगा।"

बर्फानी बाबा के बार-बार आग्रह करने पर मैं उनकी गुफा में ठहर गया।

अँधेरा हो गया था, अतः बाबा ने घी का दीपक गुफा में जला लिया।

रात को बर्फानी हवा चलनी शुरू हो गई। गुफा का दरवाजा बंद करके हम धूनी के पास गर्मी ले रहे थे। बर्फानी बाबा बोले–''मैं अभी साधक हूँ। सत्य-ज्ञान की खोज में गौमुख में रहता हूँ। यहाँ नित्य नए अनुभव होते हैं। तुम भी एक साधक हो और सत्य-ज्ञान की तलाश में हो। अब मैं और तुम दोनों दोस्त हो गए हैं। आज की रात हम दोनों दोस्त की हैसियत से अपने-अपने विचारों का आदान-प्रदान करेंगे।''

बर्फानी बाबा की बात से मुझे थोड़ी प्रसन्नता हुई और मैंने कहा–''बाबा, मुझे बहुत खुशी है कि आप मुझे अपना दोस्त मान रहे हैं। आज तक मुझे जितने महात्मा, योगी मिले, वे सब अपने-आपको बहुत बड़ा मानते थे, बहुत ऊँचे आसन से बात करते थे। लेकिन आप पहले व्यक्ति मुझे मिले हैं जिनमें अहंकार का लेशमात्र भी नहीं है। बताइए मैं आपकी क्या सेवा कर सकता हूँ ?''

बर्फानी बाबा ने कहा–''सेवा बस मैं इतनी ही चाहता हूँ कि मुझे योग की कुंडलिनी शक्ति की दीक्षा दो।''

मैं गंभीर हो गया और बोला–''लेकिन इसके लिए तो आपको मुझे अपना शिक्षक मानना होगा।

उन्होंने कहा–''ज्ञान प्राप्त करने के लिए मैं समर्पण करने को तैयार हूँ।''

मैंने उनसे कहा–''शरीर ढीला करके, अपने इष्ट व मंत्र का मानसिक जाप करें, मन में निश्चय करें कि ईश्वर व मंत्र आपको शक्ति दे रहा है। मैं तो माध्यम मात्र हूँ।'' वे ध्यान-मुद्रा में आ गए। यहाँ पर शक्तिपात का गुप्त ढंग आपको बता देना चाहता हूँ। मैंने भी उनके मंत्र व इष्ट का ध्यान शुरू करके उनसे संबंध जोड़ लिया, मन को समग्र रूप से एकाग्र करके उन पर अपनी मानसिक तरंगों से शक्तिपात किया। इस प्रक्रिया में अहंकार, संशय रहते हैं। काफी देर तक मैं उनके अहम्‌भाव से जूझता रहा, मानसिक तरंगों का एक जाल उनके सारे शरीर को घेरे हुए था। उसके बाद मैंने अपने गुरु और उनकी परंपरा के सिद्ध लोगों का आह्वान करके प्रार्थना की कि मेरे सामने बैठे व्यक्ति को आप अपनी राह में ले लें। मोक्ष आत्माओं के समीप्य में लाकर साधक की डोर उनके हाथ में सौंप दी, धीरे-धीरे उनके शरीर में

कंपन होना शुरू हो गया। गुरु कृपा से बाबा की नाभि से चिनगारी की किरण फूट चुकी थी। लगभग एक घंटे बाद उनका ध्यान खत्म हुआ। उन्होंने मेरे पैर छूने चाहे। मैंने कहा—"बाबा, आपका दिल महान है, गौमुख में रहते हुए भी एक छोटे-से व्यक्ति के सामने आपने समर्पण किया। मैंने कुछ नहीं किया, आपके समर्पण ने ही आपकी कुंडलिनी शक्ति को जाग्रत किया है।" उन्हें शक्ति देकर हृदय आनंदित था क्योंकि यह शक्ति उनके द्वारा हजारों लोगों का कल्याण कराएगी। बर्फानी बाबा मुझे निहार रहे थे। मैंने कहा—"कुछ बताइए।" बर्फानी बाबा बोले—"इस साधु के पास तुम्हें देने के लिए विशेष कुछ नहीं है फिर भी कुछ बातें तुम्हें बताता हूँ, आजमाइश कर देख लेना—अगर किसी को पीलिया रोग हो, तो कड़वी भिंडाल के दस बीजों को रात को किसी बर्तन में पानी डालकर भिगो दो। सुबह बीजों का रस निचोड़कर उस रस को रोगी की नाक में डाल दो। रोगी को पाँच-दस मिनट तक लिटाए रखो, बाद में मूली खिला दो। तीन दिन में पीलिया रोग खत्म हो जाएगा।

"आधा-शीशी के दर्द में आधा कटोरी पानी में एक चम्मच नमक मिलाकर घोल बना लो। उस घोल को चम्मच से नाक में डालो। यदि सिर के बाएँ हिस्से में दर्द हो तो दाईं ओर के रंध्र में और यदि दाहिनी ओर दर्द हो तो बाएँ रंध्र में डालो। यदि पूरे सिर में दर्द हो तो नासिका के दोनों छिद्रों में डालो। आधा-शीशी का दर्द उड़न छू हो जाएगा।"

बर्फानी बाबा ने कहा—"मैं तुम्हें तांत्रिक विद्या के बारे में बताऊँगा, तंत्र विद्या में रसायन, मंत्र और औषधि तीनों का ज्ञान होना चाहिए। वशीकरण का मंत्र है—

ॐ चंडी, महाचंडी, दुरिताप हारिणी, सर्व शत्रु विनाशिनी,
खेलणी, मोहनी, शाम्भवी, उच्चारिणी,
त्रिलोक्यम स्वामिनी माया-मोह बंधिनी,
राजा-प्रजा वशीकरूँ सर्वजन वशीकरूँ,
ऊँ ऐ कलीं ह्रीं ह्रो ऊँ फट् स्वाहा।"

उन्होंने कहा—"सबेरे उठते ही बगैर मुँह से कुछ बोले अपने थूक से अपने माथे पर इक्कीस बार तिलक करो, इसके बाद मंत्र जपना है। इक्कीस

दिन तक मंत्र शक्ति का अनुष्ठान करने पर यह मंत्र सिद्ध हो जाता है, सिद्ध होने पर व्यक्ति किसी को भी वश में कर सकता है।''

मैंने कहा–''बाबा, मंत्रों की शक्ति किसी साधक को केवल इसी कारण नहीं मिलती जब तक उसकी कुंडलिनी शक्ति का जागरण न हुआ हो। कुंडलिनी शक्ति के जागरण से उसमें स्वतः ही आध्यात्मिक रुझान पैदा हो जाता है।'' बाबा बोले–''इसी कारण अभी तक भटक रहा था, तुमने मुझे नई राह दी है। अब जीवन सार्थक प्रतीत होता है।'' भावावेश में बोले–''मेरी कामना है कि तुम मनुष्यों की कुंडलिनी शक्ति को जगाने के लिए प्रयासरत रहोगे। तभी भारत की तमाम गुप्त शक्तियों का जागरण हो सकेगा और भारत विश्वगुरु का पद प्राप्त कर सकेगा।'' बर्फानी बाबा ने यह भी बताया कि 'जापान का एक सिद्ध योगी उनकी गुफा में आया था। वह अपनी साधना में जमीन से लगभग तीन फुट ऊँचा उठ जाता था।' उन्होंने उस योगी का फोटो मुझे दिया और कहा–''अगले वर्ष यहाँ आओगे तो मैं तुम्हारी मुलाकात उस योगी से कराऊँगा।''

रात के ग्यारह बज चुके थे। गुफा के भीतर धूनी की अग्नि के निकट हम एक ही रजाई में पास-पास लेटे हुए थे। गुफा के भीतर धूनी की वजह से पर्याप्त गर्मी थी लेकिन बाहर बर्फीली हवा बह रही थी, बार-बार तेज हवा के थपेड़े गुफा के दरवाजे को खड़खड़ा देते थे। सर्द हवा गुफा की झिर्रियों से भीतर घुसकर दीपक की लौ को कँपा देती थी। गौमुख जैसे पहाड़ी निर्जन प्रदेश में किसी अपरिचित संन्यासी के साथ रात गुजारते हुए मुझे बिलकुल भय नहीं लगा। बर्फानी बाबा का व्यवहार बहुत ही अपनत्वभरा था। उस एक रात में हम इतने निकट आ गए जैसे वर्षों से एक-दूसरे के दोस्त हों। यह सोचते हुए मैं पुलकित होता रहा कि आध्यात्मिक सत्यों को जानने-परखने की मंजिल अभी दूर है। जो कुछ मिला है वह एक छोटा-सा झरना है। अनंत ज्ञान का स्रोत अभी जानने को पड़ा है।

ताब मंजिल रास्ते में मंजिलें थीं सैकड़ों,
हर कदम पर एक मंजिल थी मगर मंजिल न थी।

7

दिव्य आत्माओं की तपस्थली : तपोवन

प्रातःकाल बर्फानी बाबा ने मुझे जगाया और चाय पीने को दी। चाय पीने से शरीर की सुस्ती खत्म होकर नया उत्साह पैदा हो गया। गर्म पानी से ब्रुश किया। सुबह के 9 बज गए थे। मेरी इच्छा तपोवन देखने की थी। जितना मनुष्य को मिलता जाता है, उतना ही नया कुछ पाने की लालसा बढ़ती जाती है। कोई भी चीज पाने के बाद उससे मोहभंग हो जाता है। फिर कुछ और, कुछ और ! भौतिक जगत के साथ, यह आध्यात्मिक जगत के साधकों में भी होता है। रास्ता एक है लेकिन उद्देश्य में अंतर है। अभी मैं साधक ही हूँ, अंतिम मंजिल पर कोई कामना नहीं रहती। मंजिल कब आएगी ? सोचते-सोचते रवींद्र की चिंता हो आती थी। बाहर ठंडी सनसनाती हवा, भागीरथी का कलकल का शोर स्पष्ट सुनाई दे रहा था। आज पहाड़ों पर हिमशिखर टूटने की आवाज भी आ रही थी। बर्फानी बाबा ने कहा कि मैं चाय और पराँठा बनाता हूँ। पराँठा मिठास लिये था। पूछने पर बताया कि यह पराँठा भुने हुए जौ, चने व गेहूँ को पीसकर बनाया गया है। बोले, सत्तू का पराँठा है। इसके खाने से पेट साफ रहता है।

सुबह दस बजे रवींद्र भी भोजवासा से गौमुख मेरी तलाश में आ गया था। रवींद्र के आने से मेरा उत्साह दूना बढ़ गया। हमने बर्फानी बाबा से तपोवन चलने का आग्रह किया। बाबा बोले, दूसरे साधु का इंतजाम करता हूँ क्योंकि कुछ लोग यहाँ आनेवाले हैं। उन्होंने दूसरी कुटिया से एक साधु को बुलवाया जिसका नाम मृत्युंजय योगी था। सूर्य देवता निकल आए थे। मौसम सुहावना हो गया था। हम तपोवन जाने के लिए गुफा से बाहर आ गए। मृत्युंजय योगी युवा नागा साधु था। वह ऊबड़-खाबड़ पत्थरों पर आसानी से चल रहा था जबकि हमारी रफ्तार बहुत कम थी। उसने कहा,

मल्टी विटामिन के कैप्सूल खा लो। इससे आसानी रहेगी। यात्रा में हमने अनेक बार ये कैप्सूल खाए हैं। इससे शरीर में स्फूर्ति और चुस्ती रहती है। भागीरथी के किनारे चलते हुए हम पुनः गौमुख के समीप आ गए। हमने गंगाजल पीया तथा हाथ-पैरों पर गंगाजल श्रद्धापूर्वक लगाया। माँ भागीरथी से प्रार्थना की—हे माँ ! तेरी गोदी में यह बच्चा आया है, इसे स्नेह भरा आशीर्वाद देकर अपनी गोदी में शरण दे दे। तुम्हारा यह बच्चा काम, क्रोध, अहंकार, लोभ, मोह रूपी मल से सना है। तुम तो माँ हो। तुम्हें मलों की परवाह न करते हुए अपनी गोदी में बैठाना ही पड़ेगा। भक्ति-श्रद्धा से ओतप्रोत मैं साक्षात् गौमुख में निकली भागीरथी के किनारे पत्थरों पर लेट गया। अहंकार, तर्क मुझे नहीं चाहिए माँ, बस तेरी गोद चाहिए। कब से भटक रहा हूँ, एक पल तेरी गोदी में अपने को गलाना चाहता हूँ। मुझे लगा जैसे हजारों हाथों ने मुझे उठा लिया हो।

हमने तपोवन की तरफ चलना शुरू किया। तपोवन गौमुख से 6 किलोमीटर की दूरी पर है। लाखों साल पुरानी व जमी हुई बर्फ पर, जिस पर मोटे-मोटे पहाड़नुमा पत्थरों के टुकड़े पड़े हुए थे, चढ़ना शुरू कर दिया। मृत्युंजय योगी बता रहे थे कि ये पत्थर पहाड़ों से टूटकर गौमुख के ग्लेशियर पर गिरते रहते हैं। ये अनगढ़ पत्थर हैं, क्योंकि जल की धारा से घिसने या बहने का अवसर इन्हें अभी नहीं मिला है। गौमुख ग्लेशियर के नीचे से ही भागीरथी की धारा निकलती है। बर्फ के ग्लेशियर पर धूल जमने से यह मटमैला-सा लग रहा था। कहीं-कहीं ग्लेशियर की बर्फ के नीचे गड्ढे बने हुए थे, जहाँ पर जल बह रहा था। उन्होंने बताया कि बहुत सँभल-सँभलकर मेरे पीछे चलना क्योंकि कहीं-कहीं ग्लेशियर थोथा होता है। वैसे तो वह मिट्टी जैसा ही लगता है लेकिन पैर रखने से व्यक्ति उसमें नीचे तक धँसकर जान गँवा सकता है। हम उनके निर्देशानुसार पथ पर ही चल रहे थे। एक जगह कुछ पर्वतारोही लड़के-लड़कियाँ ग्लेशियर पर चढ़ने व उतरने का अभ्यास कर रहे थे। चारों ओर अद्‌भुत समाँ था। सामने भगीरथ पर्वत की चोटियाँ, बाएँ मेरू पर्वत तथा शिवलिंग पर्वत सूर्य की रोशनी में दमक रहा था। दूर भागीरथी पर्वतों को काटकर बहती हुई दिखाई दे रही थी। चारों ओर पत्थर-ही-पत्थर। कोई पगडंडी या रास्ता नहीं था। लगता था जैसे प्रकृति आदिम अवस्था में हमारे सामने खड़ी हो।

मनुष्य ने प्रकृति को वश में करने के लिए पर्वतों को डायनामाइट से उड़ाया, नदियों पर बाँध बाँधे। विज्ञान के तमाम आविष्कार प्रकृति को चेली बनाने में लगे हुए हैं। क्या मनुष्य प्रकृति के चक्र को बदल सका है ? अचानक मुझे ठोकर लगी, पैर जख्मी हो गया। खून बह रहा था। मृत्युंजय योगी ने कहा कि सोच- विचार बंद करके खुली आँखों से चलो वरना तपोवन नहीं पहुँच पाओगे। बोले, शुरू-शुरू में तीन दिन तक मैं यहाँ भटकता रहा लेकिन रास्ता नहीं मिला।

पत्थरों पर हम आगे बढ़े तो एक चट्टाननुमा पत्थर ने रास्ता रोक लिया। मैंने मृत्युंजय योगी का सहारा लेकर किसी तरह उसको पार किया। एक घंटा ही अभी हम चले थे। शरीर बुरी तरह पस्त हो गया था। हम एक पत्थर पर बैठकर सुस्ताने लगे। जेब में कुछ टाफियाँ थीं, खाईं तो अच्छा महसूस हुआ। हमने देखा कि ओमगिरी बाबा एक फ्रेंच व्यक्ति के साथ तपोवन से आ रहे थे। मैंने उनके चरण स्पर्श किए। बोले–''अभी गए नहीं हो !'' मैंने कहा–''व्यासगिरी के पास रुक गया था। फिर मेरे चाहने या न चाहने से क्या होता है !'' ओमगिरी बाबा बोले–''तपोवन में मेरी गुफा है, तुम वहाँ साधना करना।'' उनसे विदा हुए, आगे नीचे कुछ हरे रंग के बर्फ के टुकड़े पड़े थे। मृत्युंजय योगी ने कहा कि यह बर्फ लाखों साल पुराना है। एक पत्थर से थोड़ी बर्फ तोड़कर मुँह में रख लिया। लाखों साल की विकास परंपरा की साक्षी इस बर्फ को चखकर तन, मन, आत्मा को सुखद, वर्णनातीत अनुभूति हुई। एक जगह रवींद्र का पाँव बर्फ में धँस गया। मेरे सहारे किसी तरह वह बाहर निकाल पाया।

अब हम पहाड़ के किनारे-किनारे चल रहे थे। मृत्युंजय योगी बहुत आराम से चले रहे थे। हमारे लिए एक-एक कदम भारी था। आगे एक झरना बहुत ऊँचाई से गिर रहा था। मृत्युंजय योगी ने बताया कि यह आकाशगंगा है। उसी की बगल से काफी ऊँची चढ़ाई करके तपोवन है। चढ़ाई को देखकर दिल में अजीब भय उत्पन्न हो गया। बिलकुल सीधी चढ़ाई। कोई रास्ता नहीं था। धीरे-धीरे चढ़ना शुरू किया था। अचानक पैर फिसला। तीन-चार गज नीचे की तरफ फिसल गया। लगता था जैसे होश खत्म हो गया हो। किसी तरह एक पत्थर को पकड़कर लेट गया। रवींद्र व मृत्युंजय योगी ने सहारा देकर साहस का संचार किया। रवींद्र व मैं कदम-कदम पर रुक जाते थे।

कभी वह मुझे तथा कभी मैं उसे सांत्वना देकर मंजिल पर चलने की प्रेरणा देते हुए आगे बढ़ रहे थे।

आखिर तपोवन की मंजिल आ गई। हम 4500 मीटर की ऊँचाई पर थे जो हमारी यात्रा का सबसे ऊँचा स्थल था। कुछ उतराई पर आए। सामने तपोवन का मैदान देखकर खुशी से आँखों में आँसू आ गए।

गरज कि रूह की आँखों से वह समाँ देखा
अजल के दिन जो छिपा था वह आशियाँ देखा।
नया सरूर मुयस्सर हुआ सफर करके
मगर न सैरे चमन कर सके नजर भर के।

कैसा अद्भुत दृश्य था सामने ! पूर्व दिशा में गंगोत्री की हिमधार दिखाई दे रही थी लेकिन गंगा के दर्शन नहीं हो रहे थे। कुछ तालाब, जहाँ पर हरा पानी था, दिखे। दूर से देखने पर अनेक भयानक दरारें दिखाई दे रही थीं। इसके ठीक पीछे 22495 फुट ऊँचाई पर भगीरथ पर्वत भीष्म पितामह की तरह अडिग खड़ा था। सामने के पृष्ठ भाग में चौखंभा पर्वत की सुदर्शन पर्वतमालाएँ थीं।

तपोवन का क्षेत्रफल करीब 7 किलोमीटर होगा। भूमि समतल व मिट्टी-युक्त थी। अनेक सर्पाकार सरिताएँ बहती हुई शिवलिंग व सुमेरु पर्वत से निकलकर बह रही थीं। मृत्युंजय योगी ने बताया कि अगस्त महीने में यह मैदान खूबसूरत घास और फूलों से भर जाता है। लगता है जैसे प्रकृति ने अपना सारा यौवन यहाँ बिखेर दिया हो। बोले–"यहाँ पहले नील सरोवर था। कालांतर में सूखने के बाद यह हरित मैदान बन गया। इसके पृष्ठभाग में अनादि काल से शिवलिंग शिखर, जिसकी ऊँचाई करीब 24000 फुट है, खड़ा था।" शिवलिंग शिखर को मैं बहुत देर तक निहारता रहा। लगता था, शिव साक्षात् प्रकट हो गए हों। बगल में ही सुमेरु शिखर (करीब 23660 फुट) की चोटियाँ दिख रही थीं। गीता में भगवान श्रीकृष्ण ने कहा है कि शिखरों में मैं मेरु शिखर हूँ। वहाँ हम नहीं गए लेकिन दूर से ही देखकर मन, शरीर व आत्मा आनंदित होकर ब्रह्मानंद का अनुभव कर रही थी। यह देव दुर्लभ तपोवन अत्यंत ही शांत, गंभीर, मनोरम है। देवता यहाँ वास व तप करते होंगे इसमें अतिशयोक्ति ही क्या है।

तपोवन में हम अब माँई की कुटिया में आ गए। कुटिया में एक साधु, माँई थी। माँई ने नीचे एक कंबल का चोगा पहन रखा था। कहते हैं कि तीन साल से 12 महीने इसी कुटिया में रहती हैं। उनका व्यक्तित्व माँ के अनुरूप, रंग काला व रूप साधारण था। हमने उनके चरण स्पर्श किए। चाय और नमकीन उन्होंने हमें दी। परिचय पूछने पर बताया कि कर्नाटक की रहनेवाली हैं। कृष्ण से प्रेम हो गया। वृंदावन रहीं, गंगोत्री से आकर अब तपोवन में रहती हैं। मुझे कहा कि **प्रेम को तुम अपना स्वभाव बना लो, फिर किसी से कोई इच्छा नहीं रहेगी।** यहाँ तक कि जो भी तप, ध्यान तुम करते हो उसका फल तुरंत प्रकृति को दे दो। अहंकार नहीं होगा, प्रकृति-ईश्वर से हम हर पल ऑक्सीजन, प्रकाश के रूप में प्राण ऊर्जा लेते हैं। क्या देते हैं हम प्रकृति को ? कूड़ा-करकट ! धर्म, मोक्ष, ईश्वर, नैतिकता, साधना कोरा शब्दजाल है। जब तक व्यक्ति में ध्यान के अनुभव की किरण न उतरी हो, अनुभव ही वास्तविकता है।

बात सुनने ही मैं ध्यान-अवस्थित हो गया। माँई के वचनों पर मनन करने लगा कि मनुष्य जब जन्म लेता है तब वह स्वाधीन रहता है लेकिन बाद में धर्म, समाज, विज्ञान, साहित्य सभी उसे बंदीघर में कैद कर लेते हैं। प्रकृति के बीच बैठकर हमें पता चलता है कि हम कितनी सीमाओं में सोचते हैं। ऋषियों ने जो ध्यान में चिंतन किया, भावनानुसार ही उन्हें ईश्वर दिखा होगा। ज्ञान की किरणें पुरातन काल से ही अपने मूल स्रोत से आ रही हैं। प्रकृति चमत्कारपूर्वक ही हर पल व्यक्ति के सामने आती है। क्या ज्ञान की सीमा को बाँधना संभव है ? लेकिन वेद के ज्ञान की धारा को वेदव्यास ने बाँधकर चार भागों तक ही सीमित कर दिया; बाइबिल, कुरान ने भी इसी तरह ज्ञान को सीमित कर दिया। ये सब तरीके आदमी को अनुयायी बनाकर जेलघर में कैद करने जैसे हैं। जैसे कैदी से कहा जाए कि यह जेल ही सब कुछ है, बाहर कुछ नहीं। हम सबने धर्म की सीमाओं में ईश्वर व प्रकृति को कैद करके रख दिया है। फिर समाज ने भी व्यक्ति को परतंत्र करने के लिए नैतिकता, खान-पान, आचरण के बंधनों में बाँध दिया। साहित्य भी समाज, धर्म के बंधनों का प्रतिरूप ही मुझे अनुभव हुआ। ऐसे ही भाषा है। प्रकृति ने क्या कोई अपनी भाषा दी है ? यह सब बातें मुझे उलझाव ही लगीं। क्या धर्म, भाषा ईश्वर ने बनाए हैं ? हमने माँई के पैर छूने के लिए हाथ बढ़ाए,

माँई ने अपने पैर अब न छूने दिए। बोलीं तुम और मैं एक ही हैं, अब नहीं। अनायास विचार कौंधा–

> **हजारों खिज्र पैदा कर चुकी है नस्ल आदम की,**
> **ये सब तस्लीम लेकिन आदमी अब तक भटकता है।**

वहाँ से विदा होकर हम ओमिगिरी बाबा की गुफा में गए। वहाँ पर कोई नहीं था। आगे हम एक टीले पर खड़े हो गए, प्रकृति की शोभा को फिर अंतर्मन में बसा लेना चाहता था। मृत्युंजय योगी बोले–"शिमला बाबा से मिल लो।" हम शिमला बाबा के पास गए। बाबा अपने भव्य व्यक्तित्व, गोरा रंग और घनी दाढ़ी में शेर जैसे दिखाई देते थे। उन्होंने हमें प्रसाद खिलाया। मैंने आशीर्वाद माँगा तो बोले–"**जीवन को दाँव पर लगाने से ही सच्चा जीवन मिलता है। अमर होने के लिए हर क्षण गंभीर सोच रखकर अपने उद्देश्य के लिए जीवन को समर्पित करना होगा। जो चीज आसानी से मिलती है उसे लोग आसानी से खो भी देते हैं।** तुम निरंतर अपने उद्देश्य पर निस्वार्थ चल सको, तो ही मेरा आशीर्वाद सफल हो सकता है।" मुझे शर्मिंदा होना पड़ा। मैंने कहा–"बाबा, आप ठीक कह रहे हैं। आखिर बिना कुछ त्याग किए, बिना साधे ही हम दूसरे से उम्मीद करते हैं कि वह तुरंत सब जमा-पूँजी दे दे। हमें अपनी मंजिल स्वयं पार करनी होगी।" बाबा मुसकराए। मैं उनके चरण स्पर्श करके चल दिया। (आशीर्वाद हमें मिल गया था।)

शाम के 4 बज रहे थे। मौसम में ठंडक बढ़ गई थी। सूर्य का तेज मद्धिम होने लगा था। तपोवन को अतृप्त आँखों से देखकर हम वापस गौमुख की राह पर चल दिए। उतरते समय पैर फिसला। सामने से आते एक साधु ने सहारा दिया। मृत्युंजय योगी ने कहा कि तपोवन को छोड़कर अब पथरीले रास्ते पर होशपूर्वक चलो। मुझे होश आया। हम 5.30 बजे गौमुख में आ गए थे। प्रयागगिरी की कुटिया में हमने चाय पी। प्रयागगिरी व कुछ साधु चिलम पी रहे थे, बोले–"लो चीलम पीयो।" मैं घबराया। बोले–"पीयो-पीयो, सारी थकावाट खत्म हो जाएगी। फिर नशा वह त्याज्य है जिसे करने से शरीर व ध्यान में बाधा पड़ती है।" प्रयागगिरी बाबा के साथ चिलम पीकर आनंद ही महसूस कर रहा था। रात को हम फिर बर्फानी बाबा के पास लौट आए।

8

सिद्ध पुरुषों के सान्निध्य में

गौमुख में बर्फानी बाबा की गुफा में धूनी की गर्मी और दीये की लौ के मंद-मंद प्रकाश में मैं लगभग सारी रात दिव्य योग की खुमारी में डूबा रहा। सूक्ष्म भावों की विचार गंगा मेरे अवचेतन मन के संस्कारों को दग्ध कर रही थी। गुफा का वातावरण मुझे अंधकार से प्रकाश की ओर, अपूर्णता से पूर्णता की ओर, अल्प और अस्थायी सुख से शाश्वत सुख की ओर चलने की प्रेरणा दे रहा था। सत्य क्या है ? सत्य ज्ञान के लिए प्रत्येक व्यक्ति अपनी ही तरह से अनुसंधान करता है और आगे भी करता रहेगा। शास्त्र पढ़कर या एकाकी रहकर मात्र सोचते रहने से अहंकार ही दृढ़ होता है। हम वास्तविक ज्ञान को प्रत्यक्ष अनुभूतियों के द्वारा ही जान सकते हैं। यही अनुभव सिद्ध की गुफा में उस रात मुझे हुआ।

बर्फानी बाबा सो रहे थे। अचानक वे जाग गए और मुझसे पूछा—"क्या सोच रहे हो ? क्या नींद नहीं आ रही ?"

मैंने हँसकर कहा—"महाराज, मैं यहाँ दिव्य अनुभूति के लिए आया था। ऐसे दिव्य अनुभव तो कभी-कभी ही होते हैं। मैं इन क्षणों का सदुपयोग करना चाहता था। सोने के लिए तो सारी उम्र पड़ी है। आप धन्य हैं कि इस स्वर्ग तुल्य शांत, पवित्र एकांत में रहकर आध्यात्मिक चिंतन-मनन का सुख भोग रहे हैं। मैं अपनी विचार तरंगों की सूक्ष्म किरणों द्वारा यहाँ के एकांत का सुख पकड़ने की चेष्टा कर रहा हूँ।"

बर्फानी बाबा बहुत गंभीर दृष्टि से एकटक मुझे देखते रहे। फिर उन्होंने कहा—"यहाँ का जीवन सरल नहीं है। लोग यहाँ सुख प्राप्त करने की कामना लेकर आते हैं। सुख जीवन में है ही कहाँ ? इसीलिए हम अध्यात्म की ओर रुख करते हैं। मैंने अपनी अनुभूति-ज्ञान-शक्ति तुम्हें सौंप दी है। मैं इस

जीवन में कुछ नहीं कर पाया, लेकिन मेरा रोम-रोम तुम्हें हार्दिक आशीर्वाद दे रहा है। अब सो जाओ।"

बाबा के स्नेह भरे शब्दों से मन गद्‌गद हो गया और मैं चैन की नींद सो गया।

सुबह चाय पीकर हम गुफा के बाहर अतृप्त आँखों से गौमुख, हिमाच्छादित हिमशिखर व भागीरथी को देख रहे थे। सूर्य की धूप में पर्वत चोटियाँ सोने की तरह दमदमा रही थीं। चोटियों पर सूर्य कि किरणों से अनेक इंद्रधनुष बने दिख रहे थे। सात रंग अलग-अलग हीरा, पन्ना, मोती, माणिक, पुखराज, नीलम के रत्नों की तरह साक्षात् प्रकृति का शृंगार कर रहे थे। भागीरथी को देखकर ऋषि भगीरथ की याद उभर आई। भगीरथ ने ही सर्वप्रथम गंगा के अस्तित्व व गुणों को विश्व के सामने रखा था। भगीरथ ने अपनी खोज, अनुसंधान से गंगा के गुणों को जाना कि गंगा का जल स्वयं प्रदूषित नहीं होता वरन् इसके साथ जो भी धाराएँ इसमें सम्मिलित होती हैं उनके जल के दोषों को भी दूर कर देता है। पुराणकारों ने भगीरथ ऋषि की गूढ़ दृष्टि के प्रतीकस्वरूप भगीरथ की कथा को कहा होगा जिससे हम भी भगीरथ ऋषि की तरह खोज करके मानव समाज को नई दिशा दे सकें। हृदय में एक नई भावना ने प्रवेश कर लिया था कि गंगा का जल जैसे दूसरे जलों की गंदगी दूर करके अपने गुणों से उसे पवित्र कर देता है, हम भी यदि ऐसी ही परोपकार की भावना रखें तो सचमुच संसार में दीन, हीन, दलित कोई भी नहीं होगा। सबके कल्याण की भावना से अभिभूत हम बर्फानी बाबा की गुफा से भोजवासा के लिए चल दिए।

भोजवासा में थोड़ी देर चलने के पश्चात् हम लाल बाबा के आश्रम के निकट आ गए। वहाँ हमने चाय के साथ चने का नाश्ता किया। लाल बाबा के पाँव पकड़कर आशीर्वाद लिया। उन्होंने कहा–"मैं यहाँ अपने गुरु की प्रेरणा से निस्वार्थ सेवा कर रहा हूँ। हमारा आश्रम दो वर्ष पहले अग्नि में जल गया था लेकिन हमने हिम्मत नहीं हारी। परेशानियाँ तो आदमी के जीवन में आती ही हैं। दृढ़ता के साथ उनका सामना करना चाहिए। अपने उद्देश्य से नहीं भटकना चाहिए। परहित समान महान उद्देश्य के लिए जीना ही जीवन

की सार्थकता है—'परहित सरस धर्म नहीं भाई'...मैं सन् 1962 से यहाँ रहकर सेवा कर रहा हूँ। तुम भी यहाँ से निस्वार्थ सेवा का संकल्प लेकर जाओ।" लाल बाबा से विदा लेकर हम आगे चले।

दोपहर बारह बजे हम चीड़वासा पहुँच गए। वहाँ खाना खाकर व कुछ देर आराम करके हम फिर चल दिए। मैं अपने मन में सोच रहा था कि कुछ और सिद्ध पुरुषों के दर्शन हो जाएँ जिनसे मैं वार्त्तालाप करके सीख सकूँ व अपने अनुभवों को मानव कल्याण में लिखकर दे सकूँ। चीड़वासा से साढ़े तीन किलोमीटर आगे हम देवगौड़ा आ पहुँचे।

देवगौड़ा में एक झोंपड़ी दिखाई दी। हम उस झोंपड़ी के निकट चले गए। झोंपड़ी में दो साधु बिलकुल साधारण वेशभूषा में बैठे थे। हमने अपना परिचय दिया तथा उनका परिचय जानना चाहा। उनमें से एक ने अपना नाम बलराम आनंद योगी और दूसरे ने अशोकानंद बताया।

मैंने कहा—"महाराज, मैं सिद्ध पुरुषों की खोज करता हुआ यहाँ आया हूँ। पत्रकार और लेखक हूँ। क्या आप अपनी साधना के विषय पर कुछ प्रकाश डाल सकेंगे ?"

अशोकानंद बोले—"पत्रकार, लेखक यथार्थ में नहीं जीते, हम कुछ नहीं बताएँगे।"

मैंने फिर अनुरोध किया—"महाराज, मैं योग-साधना के प्रति जिज्ञासु हूँ व योग साधना भी करता हूँ !"

बलराम आनंद योगी ने कहा—"मैं त्राटक साधना करता हूँ एवं अदृश्य होने की खोज में हिमालय में रह रहा हूँ।"

मैंने पूछा—"महाराज, आपने कुंडलिनी की साधना नहीं की क्या ?"

बलराम आनंद योगी बोले—"हाँ। कुंडलिनी जागरण अनेक प्रकार की साधनाओं से हो सकता है जिनमें भक्ति, तंत्र, यंत्र, मंत्र और गुरु कृपा प्रमुख हैं। कुंडलिनी साधना में मन की अदृश्य शक्ति को अपने वश में करके आत्म जागरण किया जाता है। भक्ति में भक्त भगवान के चरणों में अपने अहंकार का समर्पण करके परम आनंद को प्राप्त कर सकता है। वह अपने मन को इतना निर्दोष बना लेता है कि उसकी प्रत्येक क्रिया भगवान को प्रसन्न करने में लगी रहती है। काम-क्रोध, माया-मोह, अहंकार, सुख-दुख उसे नहीं व्यापते। उसे कुछ न दिखकर सबमें भगवान ही दिखाई दते हैं। यह भक्ति

तथा समर्पण ही उसे परमात्मा के दर्शन करा देता है।

''तंत्र-मंत्र के द्वारा साधक अपनी श्वास-प्रश्वास में एक मंत्र का हर समय जाप करते हुए ध्यान में इतना लीन हो जाता है कि उसे हर ओर ईश्वर ही दिखाई देता है। उसे अपनी प्रत्येक साँस में परमात्मा के ही दर्शन होते हैं।

''पातंजलि योग में यम, नियम, आसन, प्राणायाम, प्रत्याहार, धारणा, ध्यान व समाधि की साधना करना ही उद्देश्य है। यह आदर्श एवं पुरातन तरीका है। इसके द्वारा योगी भ्रष्ट नहीं होता व प्राकृतिक यम-नियमों का पालन करते हुए अनेक सिद्धियों का अनुभव प्राप्त करता है। वह इन सिद्धियों को अपना लक्ष्य न मानकर आगे बढ़ता जाता है। ध्यान व समाधि की अंतिम अवस्था में वह स्वयं ईश्वर सदृश होकर समाज को नए आयाम देता है।

''यम-नियमों का पालन आज के युग में संभव नहीं है। परिस्थितियों को देखकर गुरुओं ने सहज योग का तरीका बताया। सहज योग में मनुष्य कीचड़ में रहकर भी उससे लिप्त नहीं होता। गुरु-शिष्य परंपरा सहज योग का साधन है। समस्त सूफी संतों की यही परंपरा थी। कबीर, गोरख, नानक, रैदास, रामकृष्ण इसी परंपरा के पोषक हैं।

''गुरु-शिष्य परंपरा में शिष्य अपने अहंकार का समर्पण गुरु चरणों में करता है और गुरु के आशीर्वाद से ध्यान एवं समाधि की अंतिम अवस्था को प्राप्त कर लेता है। यदि शिष्य का समर्पण भाव सच्चा नहीं है, तो उसे साधना की सिद्धि के लिए लंबे समय तक प्रतीक्षा करनी होगी। गुरु अपनी शक्तियाँ प्रदान कर साधारण शिष्य को असाधारण बना देता है। जैसे स्वामी रामकृष्ण परमहंस ने अपनी शक्तियाँ नरेंद्र को प्रदान कर उन्हें जगत प्रसिद्ध स्वामी विवेकानंद बना दिया। शिष्य की योग्यता परखकर ही गुरु समाज कल्याण के लिए उसे अपनी शक्ति भेंट देता है। इसी प्रकार उचित गुरु के चुनाव की सामर्थ्य शिष्य में भी होनी चाहिए। गुरु द्वारा प्रदत्त शक्ति का शिष्य द्वारा दुरुपयोग किए जाने पर शक्ति स्वयमेव लुप्त हो जाती है।

''बीज में वृक्ष और वृक्ष में बीज छुपा रहता है। यही गुरु-शिष्य का संबंध है और यही संबंध परमेश्वर तथा जीव का भी है।''

मैंने पूछा—''क्या आप जलती मोमबत्ती के प्रकाश पर त्राटक साधना करते हैं।''

उन्होंने कहा–"यह तो प्रथम अवस्था है, मैं जलती मोमबत्ती क्या शीशे को भी अपनी एकाग्र मनःशक्ति द्वारा तोड़ सकता हूँ।"

मैंने कहा–"योगी लोग बड़ी-बड़ी बातें तो करते हैं, लेकिन साक्षात् नहीं दिखाते।"

वे बोले–"मेरे पास तीन दिन रहो तो मैं तुम्हें यह सब करके दिखा भी सकता हूँ।"

फिर उन्होंने मुझे हृदय-रोग दूर करने का नुस्खा बताया–"सालम पंजा, रूद्रवंती, शतावर बराबर-बराबर मिलाकर बादाम-खांड-घी के लड्डू बना लें। शाम को एक लड्डू ताजे पानी के साथ खाने से हृदय की बीमारी खत्म हो जाती है और शरीर में नई ताकत का संचार होता है।" एक पहाड़ से लाई गई रूद्रवंती जड़ी भी उन्होंने मुझे दी।

मैंने उनसे उनके समक्ष ध्यान-साधना करने की इजाजत माँगी। उन्होंने स्वीकृति दे दी। मैं उनके सामने ही ध्यान में बैठ गया। करीब दस मिनट बाद मुझे अपना शरीर निर्जीव महसूस होने लगा। लगा कि मेरी सारी शक्ति किसी ने खींच ली है। मैंने अपने गुरु व बाद में पड़बाबा गुरु रामकृष्ण परमहंस का ध्यान किया। प्रेरणा मिली कि योगी तुम्हारी मानसिक शक्ति खींच रहा है। यह महान योगी है, अपना अहंकार खत्म करके इसके चरणों में झुक जाओ।

मैंने उठकर महायोगी के पाँवों में सिर रख दिया। उन्होंने मेरे दोनों हाथ पकड़ लिये और कहा–"अहंकार मत करना। क्या तुम अपने को पूर्ण समझते हो ?"

मैंने कहा–"योगीजी, मैं अहंकारवश नहीं वरन् ज्ञान प्राप्त करने के लिए ही प्रयत्नशील हूँ। मुझमें अगर अहंकार की भावना होती तो आपके चरणों में झुकता क्यों ? आज साधु-महात्मा-योगी के रूप में अनेक स्वार्थी व्यक्ति पाखंड किए हुए हैं। लेकिन आप उन जैसे नहीं हैं। आपसे मुझे ज्ञान प्राप्त हुआ है। इसके लिए मैं आपका कृतज्ञ हूँ।"

जीवन में यह मेरा पहला अनुभव था जब किसी ने मेरी सारी शक्ति को कुछ ही मिनटों में खींच लिया था। जैसे बड़ी मछली छोटी मछली को मार देती है, जैसे बड़ी चुंबक छोटी चुंबक को खींच लेती है। सोच रहा हूँ, अगर मुझे रामकृष्ण परमहंस की प्रेरणा न मिली होती और मैं बलराम आनंद योगी के चरणों में न झुका होता, तो मेरा क्या हश्र होता। उनकी शक्ति के समक्ष

मैंने स्वयं को बहुत बौना महसूस किया। संभवतः मेरी दृढ़ इच्छाशक्ति ने मेरी रक्षा कर ली।

सन् 1995 की यात्रा में मैं बलराम आनंद योगी की गुफा में तीन दिन रहा था। उन्होंने मुझे कायाकल्प की विधि करवाई। इसमें गर्म पानी नींबू और नमक के साथ पीया जाता है। कुछ आसन करने से मलद्वार से वर्षों पुराना जमा मल निकल जाता है। लगभग 25 गिलास नींबू-नमक-जल पिया था और 15 दफा दस्त हुए थे। इस प्रक्रिया में बाद में खिचड़ी काफी मात्रा में घी डालकर खिलाई जाती है। इससे 50% रोग खत्म हो जाते हैं, यह मेरा अनुभव है। दूसरे, सूक्ष्म शरीर को स्थूल शरीर से बाहर निकालने की विधि कराई थी। इस विधि में शवासन में दाहिने पैर के अँगूठे से शक्ति खींचकर बाएँ पैर के अँगूठे से बाहर निकाल दी जाती है। मैंने सूक्ष्म शरीर से अपने स्थूल शरीर को देखा था। बलराम आनंद योगी के पास पुरानी हस्तलिखित पांडुलिपियाँ हैं जिनके द्वारा यह विधि उन्होंने सीखी थी। कायाकल्प की विधि को लेखक अनेक व्यक्तियों को करा चुका है जिनमें अमेरिकी लड़की जूलिया विल्सन भी शामिल है।

बलराम आनंद योगी से विदा लेकर हम आगे चले। राह में बारिश की हल्की फुहार हम पर पड़ने लगी। मेरे पाँवों में छाले हो गए थे, अतएव मैंने रवींद्र से अपनी चप्पलें बदलीं। आहिस्ता-आहिस्ता हम आगे बढ़ते गए। पाँवों के कष्ट की वजह से कदम-कदम चलना दूभर था।

कुछ दूर चलने पर हमें टाट बाबा की गुफा दिखाई दी। गुफा के बाहर कोई साधक बैठा हुआ था। हम वहाँ गए और साधक को अपना परिचय देते हुए कहा—"हमें बर्फानी बाबा ने भेजा है। हमें टाट बाबा से मिलना है।"

साधक टाट बाबा से मिलने की अनुमति लेने गुफा के भीतर चला गया। थोड़ी देर बाद लौटकर आया और हमें टाट बाबा से मिलवाने के लिए ले चला।

टाट बाबा 55-60 वर्ष की अवस्था वाले श्रद्धेय पुरुष थे। बोले—"बर्फानी बाबा ने तुम्हें भेजा है तो तुम्हारा स्वागत है। वैसे तो मैं वर्ष में केवल 2-3 व्यक्तियों से ही मिलता हूँ।

टाट बाबा ने अपने विषय में बताया—"मैं महर्षि महेश योगी का गुरु-भाई हूँ।"

टाट बाबा द्वारा सिर पर हाथ रखने मात्र से ही लोगों को समाधिस्थ शिव के दर्शन हो जाते हैं। योगी चंद्रमोहन के शिष्य व योगी रामलाल के विशेष कृपापात्र हैं—टाट बाबा।

मैं टाट बाबा के समक्ष भी ध्यान में बैठा। ध्यान खत्म होने पर टाट बाबा ने कहा—"तुम्हारी शक्ति का संचार एक ओर ही है। वह दोनों तरफ होना चाहिए अर्थात् इड़ा-पिंगला दोनों प्रयुक्त करने लगोगे तो सुषुम्ना के माध्यम से अपने उद्देश्य की पूर्ति कर सकोगे।"

मैंने कहा—"योगीजी, कृपा करके आप ही मेरी शक्ति-तरंगों को व्यवस्थित कर दीजिए।"

उन्होंने मेरे माथे पर अपने अँगूठे का दबाव डाला, जिससे शक्ति का संचार दोनों ओर से हो गया। साथ ही मेरे मस्तिष्क में ऐसा प्रकाश भर गया जो मुझे अनंत ज्ञान-भंडार से जोड़ता था।

टाट बाबा ने कहा—"तुम युवा, शक्तिवान, ज्ञानवान व भौतिक साधनों से संपन्न हो। तुम्हारे जैसे साधक को मैं अपने समक्ष पाकर बहुत अच्छा महसूस कर रहा हूँ। तुम्हें मार्गदर्शन देकर मैं अपने कर्त्तव्य की पूर्ति करूँगा।

"आज कुछ लोग देवी, हनुमान बालाजी, भैरव, भूत-प्रेत, मजार आदि को पूजकर अहंकारी हो गए हैं और स्वार्थवश भारतीय अध्यात्म विद्या का दुरुपयोग कर रहे हैं। ऐसे लोग पांखड के बल पर लोगों को दिग्भ्रमित कर उनका नाश कर रहे हैं। तुम मुझे वचन दो कि देवी, हनुमान, बालाजी, भैरव, भूत-प्रेत, मजार आदि को सिद्ध करके लोगों को ठगनेवाले पाखंडियों का अहंकार योग की शक्ति द्वारा खत्म करोगे। क्योंकि इन पाखंडियों ने भारतीय अध्यात्म विद्या का दुरुपयोग कर हम सबके नाम को बट्टा लगा दिया है। तुम, लोगों को सही राह पर लाने की कोशिश करो। उन्हें एक ईश्वर की भक्ति में लगाओ। मेरा आशीर्वाद एवं मेरी सारी योग विद्या तुम्हारे साथ है।"

टाट बाबा से विदा लेकर जब हम आगे चले, तो थोड़ी दूर चलने के बाद मुझे एक आश्रम मिला। वह स्वामी गंगादास का आश्रम था। स्वामी गंगादास का आशीर्वाद प्राप्त करने के लिए मैं उस आश्रम में भी चला गया।

स्वामी गंगादास 90 वर्ष से अधिक उम्र के व्यक्ति थे। उनकी आँखों की ज्योति खत्म हो चुकी थी। वे गंगोत्री क्षेत्र स्थित आश्रम में पिछले 50 वर्षों से रह रहे हैं।

स्वामी गंगादास ने कहा—"गृहस्थ धर्म में रहते हुए भी योगी की तरह रहा जा सकता है बशर्ते हमारा अनासक्त भाव हो। गृहस्थ में आसक्ति भी न हो और विरक्ति भी न हो। योगी व्यक्ति कीचड़ में खिले कमल की तरह है।"

उन्होंने एक बोधकथा सुनाई—"एक तपस्वी को अपने तप का बड़ा घमंड था। एक बार वह साधना में बैठा था, तब एक कौए ने उसके सिर पर बीट कर दी। तपस्वी ने ज्यों ही कौए की ओर देखा, कौआ उसकी नजरों के तेज से जलकर नष्ट हो गया। तपस्वी ने सोचा—अब मैं गृहस्थों के यहाँ जाऊँगा, उन्हें भी तप साधना में प्रवृत्त करूँगा।

"एक गृहस्थ के द्वार पर उसने भिक्षा माँगी। गृह के भीतर पतिव्रता स्त्री अपने बीमार पति की सुश्रूषा में व्यस्त थी, इसी से उसे भिक्षा लेकर द्वार पर अपने आने में देर हो गई। तपस्वी इसी से क्रोधित हो गया।

"तपस्वी ने स्त्री से पूछा—'क्या तुम्हें हम तपस्वियों से बिलकुल भय नहीं लगता ? हम तुम्हें अपने तप के बल से भस्म कर सकते हैं।'

स्त्री अपने पतिव्रत का पालन करने से दृढ़ स्वभाव वाली थी। वह मुसकराकर बोली—'तपस्वी महाराज, मैं कोई कौआ तो हूँ नहीं जो आपके तप से नष्ट हो जाऊँगी। आप तपस्वी हो तो मैं भी तपस्विनी हूँ। मैं आपसे अधिक तप-शील वाली हूँ क्योंकि मैं गृहस्थ में रहकर तप करती हूँ। आइंदा कभी इस द्वार पर आओ तो विनम्रता का व्यवहार सीखकर आना। वह कैसा तपस्वी, जिसके पास विनम्रता जैसा शील न हो।'

"तपस्वी शर्मिंदा होकर गर्दन झुकाकर चला आया। उसकी समझ में आ गया था कि तप का मतलब अहंकार नहीं है। स्त्री से उसे सच्चा साधु बनने की शिक्षा मिली।"

मैंने स्वामी गंगादास के चरणों में सिर झुकाकर आशीर्वाद की प्रार्थना की। वे बोले—"मेरा आशीर्वाद तो सबको रहता है। तुम्हें भी वह मिल चुका है।"

मैंने पुनः आग्रह किया तो उन्होंने 6 गुट्टू मेरी कमर में मारे। इससे मेरा तन-मन पुलकित हो गया। उनसे विदा लेकर हम आगे चले और गंगोत्री आ पहुँचे। गंगोत्री के कमरे में लौटकर जल्द ही हम सो गए।

9

गंगोत्री में : विदेशी साधक और अर्थ साधना

गंगोत्री में सुबह उठने पर शरीर व मन प्रफुल्ल था। गंगोत्री के दूसरे साधुओं से मिलने के लिए मैं व रवींद्र चल दिए। धूप में तेजी नहीं थी, मौसम खुशनुमा था व ठंडी हवा चल रही थी। पहले हम भीम योगी के आश्रम में पहुँचे। वहाँ पर चारों तरफ रंग-बिरंगी लाल, हरे, नीले रंग की बोतलें रखी हुई थीं। भीम योगी वहाँ नहीं थे। एक सज्जन, जो पंजाब के बरनाला के रहनेवाले थे, मिले। हमने उन्हें परिचय दिया तो बोले, मैं तुम्हारे लेख, फोटो ट्रिब्यून अखबार में देख चुका हूँ। तुमने गैरिक वस्त्रों में रामलीला कमेटी के अध्यक्ष के रूप में रामलीला कराई थी जिसमें सारे धर्मों के लोगों को जोड़ा था, जिसकी बरनाला के लोगों ने सराहना की थी। शायद एक गृहस्थ होने के बावजूद गैरिक कपड़ों में रहकर रामलीला के माध्यम से सर्वधर्म समन्वय का यह भारत में पहला मौका था। बहुत आश्चर्य हुआ कि पंजाब तक में मुझे रामलीला की वजह से लोग जान गए थे। मैंने कहा कि आपका इस संस्थान से क्या रिश्ता है ? बोले, मैं गर्मियों में एक महीने यहाँ प्रतिवर्ष आता हूँ। आश्रम का संचालन मेरे पैसों से ही होता है। भीम योगी यहाँ रहते हैं। यहाँ पर हम सूर्य रश्मियों से रोगों का उपचार करते हैं। उपचार विधि पूछने पर उन्होंने कहा कि भीम योगी ही बता सकते हैं।

कुछ आगे हम योग निकेतन में पहुँचकर वहाँ के मैनेजर रेड्डी के पास गए। मि. रेड्डी ने कहा कि यहाँ पर 15 विदेशी योग सीख रहे हैं जिनसे 100 रुपए प्रतिदिन रहने व खाने के लिये जाते हैं। कम-से-कम 15 दिन यहाँ रुकना होता है। योग निकेतन में 6 साधना कुटी भी हैं जहाँ पर साधक रहकर साधना कर सकता है।

योग के प्रशिक्षक आदित्य योगी हैं। आदित्य योगी ने सफेद चोगा पहन

रखा था, बाल बढ़े हुए थे। उन्होंने कहा कि शरीर को निरोग रखना ही योग का उद्देश्य है, उसी की साधना हम इन विदेशियों को सिखाते हैं। मैंने कहा कि योग अंतर्मन तथा शरीर दोनों को साधने की प्रक्रिया है। शरीर हमारा साधन है, साध्य नहीं। फिर बाहरी शरीर नाशवान है। रोग, बुढ़ापा, मृत्यु आएगी ही। हमें सिर्फ शरीर को साधने में ही नहीं लगे रहना चाहिए, असली उद्देश्य तो अंतर्मन को साधना है। ऋषि-मुनियों ने अंतर्मन को साधना ही मुख्य बताया है। उस अंतर्मन को कुंडलिनी शक्ति जगाकर साधा जा सकता है। आदित्य योगी व उनके दूसरे साथी योग प्रशिक्षक, जो कर्नाटक के रहनेवाले थे, ने कहा कि कुंडलिनी शक्ति के जगाने से क्या होगा ? मैं अचंभित रह गया, मन में सोचा कि इतना विशाल आश्रम; विदेशी जिस भारतीय योग विद्या के आकर्षण में बँधे लाखों रुपया खर्च करके भारत व गंगोत्री आए हैं उनके प्रशिक्षकों की धारणा अभी सिर्फ बाहरी साधनों में ही उलझी हुई है। मैंने कहा, अंतर्मन कुंडलिनी जाग्रत होने से ही परिवर्तित होगा। यदि अंतर्मन परिवर्तित नहीं हुआ तो आदमी सिर्फ पशु है। अंतर्मन परिवर्तन से व्यक्ति सब रोग, दोष, बुढ़ापा, मृत्यु को जागरूक होकर देखेगा लेकिन विचलित नहीं होगा। वह उनका स्वागत करेगा। निरंतर अपना व संसार के दूसरे लोगों का हित करता हुआ आगे बढ़ता जाएगा।

आदित्य योगी ने कहा कि आप यहाँ रहकर इस ज्ञान को दीजिए। मैंने कहा, यह ज्ञान प्यास की चरम सीमा है। इसके लिए लेनेवाला दृढ़ संकल्पी चाहिए। व्यापार की वस्तु नहीं है।

उनसे विदा होकर हम आगे चले। वहीं पर केदार गंगा व भागीरथी का संगम सूर्य कुंड है। पानी की बौछार हमें ऊपर खड़े भी महसूस हो रही थी। बराबर में ही स्वामी सुंदरानंद की कुटिया है जो लँगोट बाँधे टहल रहे थे। उनका मैंने अनेक किताबों में जिक्र पढ़ा था कि बहुत अच्छे फोटोग्राफर हैं। हम उनके पास गए, परिचय दिया। वे कुछ परेशान थे। ज्यादा बातचीत न हो सकी।

आगे लक्ष्मण दास अवधूत की गुफा व आश्रम है। अवधूत लगभग 6 फुट लंबे हृष्ट-पुष्ट संन्यासी थे। उनके चेहरे पर हर समय मुसकराहट रहती थी। कुछ साधु बैठे थे। एक गृहस्थ आचार्य रजनीश कृत अष्टावक्र गीता पढ़कर सुना रहा था। लक्ष्मण दास अवधूत सुनकर अपने विचार प्रकट कर

रहे थे। उनकी शिष्या ने बताया कि स्वामीजी परोपकारी व निरहंकारी हैं, सब कुछ होते हुए भी अभी भी भिक्षा माँगने लगते हैं। अवधूत योगी ने कहा कि हमेशा मुसकराना सीखो। धन्यवाद दो परम पिता को कि मानव जीवन मिला। अहो-अहो मुसकराकर उन्होंने मुसकराने की कला सिखाई

मुसकराकर जिनको ग़म का जहर पीना आ गया,
यह हकीकत है जहाँ में, उसको जीना आ गया।

मंदिर के साथ भागीरथी के किनारे-किनारे हम चल दिए। शिवानंद आश्रम के पास ऑस्ट्रिया की युवती ललिता अकेली खड़ी प्रकृति को निहार रही थी। मिलने पर हम आपस में मुसकराए। वह सिगरेट पी रही थी। मैंने कहा—"तुम सिगरेट बहुत पीती हो।" वह बोली—"सिगरेट पीने से क्या हम अंतर्ज्ञान को प्रकट नहीं कर सकते ?" उसके प्रश्न ने मुझे झकझोर दिया। कोई स्पष्ट उत्तर मेरे पास नहीं था।

हम भागीरथी के किनारे ही एक शिला पर बैठ गए। बैठे-बैठे सोच रहा था कि 200 साल में विदेशियों ने अपनी मेहनत, लगन, साहस व दृढ़ संकल्प के द्वारा विज्ञान के नित्य नए अनुसंधान करके पूरी मानव जाति को इतना दे दिया जितना पहले सारे इतिहास ने नहीं दिया। भौतिक सुख, विलासिता के साथ ध्वंसात्मक पहलू भी इस विज्ञान की देन है। वैज्ञानिकता के साथ यदि व्यक्ति आध्यात्मिक भी हो जाए तो नई मानव जाति का उदय हो सकता है। इस अध्यात्म की खोज में ही तो ललिता ऑस्ट्रिया से आई है। उसने कहा, मैं शांति चाहती हूँ, यहाँ आकर शांति महसूस कर रही हूँ।

विदा लेकर हम चले तो मन विचारों में उलझा था। जहाँ अकेली लड़की निर्भय होकर प्रकृति में शांति की खोज कर रही है वहीं भारतीय नारी अभी भी घर की चारदीवारी में कैद है। विदेशी नारियों के सदृश्य होने में भारतीय नारी को सैकड़ों वर्ष लग जाएँगे।

आगे एक गुफा में स्वामी अरुण बैठे थे। उन्होंने बताया कि 1½ साल पहले यहाँ आए हैं। पहले 40 साल अमेरिका में एक्यूप्रैशर से इलाज करते थे। एक फ्रांसीसी भी उनके पास बैठा था। 3 महीने में एक्यूप्रैशर व योग से शरीर को निरोग बनाने की उनकी फीस 5000 डॉलर है। मैंने कहा, कुछ अनुभव दे दो या मेरे से ले लो। स्वामी अरुण ने कहा, तुम ही मुझे कुछ दे

दो। मैंने कहा, यदि मेरे से लेना है तो रात को समर्पण की भावना से मेरे कमरे में आ जाना। मेरे पास जो भी योग की शक्ति व ज्ञान है, दे दूँगा। वह हँसने लगा। बोला, मैं तो मजाक कर रहा था। मैंने कहा, तो मुझे कुछ बताओ। बोला, मैं फ्री नहीं बताता हूँ। मैंने कहा कि ज्ञान को पैसा लेकर दे रहे हो, आध्यात्मिक न होकर व्यापारी हो।

स्वामी अरुण विदेशी सभ्यता में रँगा हुआ पैसा पाने की इच्छा से गेरुआ वस्त्रों में एक योग प्रशिक्षक ही था। विदेशियों से योग के नाम पर पैसे लेकर व्यापार करना ही उसका उद्देश्य था।

आगे हंस तीर्थ की गुफा है। वे 108 वर्ष के पुराने सिद्ध पुरुष हैं। उनके हाथ-पाँव काँप रहे थे। उनके पास बैठते ही मैं भावावेश में हो गया। मुँह से बोल नहीं फूट रहे थे। ध्यान गंभीर होता जा रहा था। अपनी सुध-बुध खो बैठा। लगता था, गुरु ने अपनी गोदी में बैठा रखा है और मेरे बालों को वे सहला रहे हैं। वहाँ मुझे अलौकिक आनंद व शांति की अनुभूति हुई। कुछ देर बाद जब जागा तो बोले, तुम मुक्त होगे। तुम्हारे बहुत सुंदर भाव हैं। संसार में नाम रौशन करोगे। मेरी आँख उनके चेहरे से हट ही नहीं रही थी। प्रसाद दिया फिर भी मन वहाँ से जाने को नहीं कर रहा था। मैं उनके चरणों में झुक गया व भावावेश में रोन लगा। उन्होंने मेरी पीठ सहलाई। लगा, अमृत की बूँद मेरे मस्तक में आकर गिर गई हो। मैं शांत और तृप्त होकर उठ गया।

आगे एक गुफा में स्वामी देवाराम जोधपुर के रामस्नेही संप्रदाय के साधु बैठे थे। उन्होंने वेदांत को ही ज्ञान कहा। मैंने कहा, ज्ञान के साथ योग व अनुभव होना आवश्यक है। सिर्फ ज्ञान प्राप्त करके पंडित तो हम हो सकते हैं लेकिन सत्य से बहुत दूर होंगे। वे मुझे उपनिषद, वेद, गीता आदि का ज्ञान बताने लगे। मैंने कहा, मुझे सिर्फ अपने अनुभव व ज्ञान की बात बताओ। उनके स्वयं के अनुभव सिर्फ पुराना ज्ञान है।

कुछ दूर पर स्वामी दिनेशानंद दिगंबरी साधु की गुफा है। गुफा के बाहर काफी स्थान था जिस पर सत्संग के लिए दरियाँ बिछी हुई थीं। स्वामी दिनेशानंद ने, जो दिगंबरी थे, हँसकर व खुले दिल से हमारा स्वागत किया। उनकी नग्नता मुझे बच्चे की तरह निर्दोष व हृदय विशाल लगा। उनका कहना था कि शरीर के लिए जितना जरूरी हो सिर्फ उतना ही करना चाहिए। अधिकतर सूक्ष्म शरीर, मन, आत्मा को साधना ही मानव जीवन का कर्त्तव्य

है। प्रत्येक व्यक्ति में सत, रज, तम गुण हैं। तम से रज तथा बाद में सिर्फ सतूगुण ही मन में रखना आवश्यक है। सतूगुण भी बंधनकारी है, उसे जागरूक होकर सिर्फ देखना है। यही साक्षी भाव ही सत्य है। अहंकार को हम भक्ति व गुरु निष्ठा से हटा सकते हैं। इसलिए कलयुग में भक्ति को ही सर्वोच्च साधना पद्धति कहा गया है। भगवान को जो प्रत्येक में समान रूप से देखता है वह ही भक्त है। मैंने कहा, आजकल तो भक्त में बहुत संकीर्णता दिखाई देती है। जो कृष्ण का भक्त है वह कृष्ण को ही सब समझता है। वह दूसरे भावों को माननेवाले तथा उसकी मान्यताओं को गलत बताता है। क्या यही भक्ति है ? स्वामी दिनेशानंद ने कहा कि भक्ति यह नहीं है लेकिन फिर भी एक रास्ते का सहारा तो लेना ही पड़ता है। यदि कोई भी निश्चित रास्ता नहीं रखेंगे तो रास्ते में ही भटक जाएँगे। मैंने कहा, यदि रास्ते के नियम व मान्यताओं का सहारा लेकर हम ऊपर-ऊपर ही उलझ गए तो ध्येय व सत्य से दूर ही होंगे। अपनी धारणाओं को हमें जागरूक होकर देखना चाहिए तब मान्यताएँ अपने-आप खो जाएँगी, फिर सत्य ही बचेगा। वे मुसकराने लगे। मैंने कहा कि क्या नग्न रहने के बावजूद वासना आपको पैदा नहीं होती ? बोले, प्रत्येक व्यक्ति में सब भाव आते हैं, सिर्फ जागरूक होना चाहिए फिर हमारे पर वह प्रभाव नहीं डाल पाएँगे। मैंने कहा, आज अध्यात्म के साथ विज्ञान का समावेश होना आवश्यक है। क्या कुटिया में एकांत स्थान पर बैठकर हम समाज का कुछ भला कर सकते हैं ? आत्मा-परमात्मा, मुक्ति, ज्ञान की बातें ही यहाँ मैं सबसे सुनता आ रहा हूँ। लेकिन अनुसंधान की सोच, चाहे वह आध्यात्मिक ही हो, यहाँ मुझे नहीं दिखाई देती। गीता के श्लोक याद करके क्या कोई कृष्ण बन जाता है ? रामायण की चौपाई याद करके तुलसीदास ? हम राम, कृष्ण तो बनना नहीं चाहते सिर्फ लकीर के फकीर की तरह दुहराए चले जा रहे हैं। पास बैठा दूसरा साधु तैश में आ गया। बोला, क्या हम ऐसे ही बैठे हैं। अपनी आत्मा को जानना ही ज्ञान है। साधुओं का मकसद ईश्वर को प्राप्त करना है। उसका राजनीति या समाज-सुधार से क्या काम ? ईश्वर जो करवाना चाहता है वैसे ही परिस्थितियों का निर्माण हो जाता है। तुम अपने को क्या समझते हो ? मैंने कहा, भारत एक हजार साल तक परतंत्र रहा, इसका सबसे बड़ा कारण साधु-संत हैं। साधु-संत सिर्फ अपने कल्याण में लगे रहे व देश बर्बाद

हो गया। पहले ऋषि उनको कहते थे जो गंभीर ध्यान में छिपे हुए ज्ञान को खोजकर नई ऋचाओं का सृजन करते थे तथा मानव कल्याण में अपना जीवन न्यौछावर करते थे। वाल्मीकि, विश्वामित्र, मनु, पातंजलि, व्यास, शंकराचार्य, चाणक्य, बुद्ध, महावीर आदि ऐसे ही ऋषि हुए हैं। ऋषि के साथ वे देश व समाज को निरंतर आगे बढ़ाने के लिए मानवों में साहस का संचार करके संतुलन बनाए रखते थे।

स्वामी दिनेशानंद ने कहा, साधु का गुस्सा पानी पर लकीर के समान, गृहस्थ का रेत पर लकीर के समान व दुष्ट का पत्थर पर लकीर के समान होता है। हमें तुम पर गर्व है कि तुम अनुसंधानात्मक बुद्धि रखते हो। हमारा शरीर तो बूढ़ा हो गया है, समाज में आज तुम्हारे जैसे व्यक्ति की आवश्यकता है जो दूध का दूध व पानी का पानी करके ज्ञान को सबके सामने रख दे। हमें खुशी है कि संसार के 50 योगियों में तुम्हें छाँटा गया है। हमारा आशीर्वाद तुम्हारे साथ है। उन्होंने कहा कि भारत भूमि में ऐसी बात है कि परिस्थितियों के अनुरूप सिद्ध पुरुष प्रेरणा देते रहते हैं। दुनिया की सारी पुरातन संस्कृतियों का नाश हो गया। भारतीय संस्कृति अनेकताओं में एकता के मूल स्वभावानुसार आज भी जीवित है।

सदियों रहा है दुश्मन दौरे जहाँ हमारा,
कुछ बात है कि हस्ती मिटती नहीं हमारी।

मौसम में ठंडक बढ़ गई थी। हल्की बूँदाबूँदी शुरू हो गई थी। वहाँ से निकलकर हम भागीरथी के साथ किनारे-किनारे वापस आ रहे थे। कदम-कदम पर हरे वृक्षों की डालियाँ हमारा रास्ता रोक लेती थीं। अपरोक्षानंद आश्रम में आकर देखा कि लगभग बीस साधु भोजन कर रहे थे। वहाँ के मैनेजर स्वामी सत्यानंद थे। बोले, यहाँ प्रतिदिन साधुओं के लिए भंडारा होता है। हमें भी उन्होंने प्रसाद दिया। मैंने कहा, भंडारे में कितना व्यय होता है ? बोले, करीब 1500 रुपए। दिल में भाव आया—गंगोत्री, तपोवन देखकर क्यों नहीं भंडारा करा दूँ। मैंने 1500 रुपए उन्हें दिए, कहा कि मेरी तरफ से कल भंडारा होगा। आप सब लोगों को निमत्रंण दे दीजिए। मैं स्वयं साधुओं को भोजन कराकर अपने को धन्य समझूँगा। सत्यानंद स्वामी बोले, भंडारा हो जाएगा। निमंत्रण तुम्हारी तरफ से नहीं होगा। यहाँ तो रोज भंडारा होता है।

तुमने रुपए दे दिए बस भंडारा हो गया। 'नेकी कर और कुएँ में डाल'। तुम्हारे नाम से ही क्यों होगा ? ले जाओ अपने रुपए। मुझे लगा, मैं साधु वेश में था, भंडारे के लिए रुपए दे रहा था। मेरे नाम से भंडारा कराने से कहीं उनकी महत्ता कम न हो जाए। दूसरे लोग भंडारे के लिए पैसा देकर चले जाते थे। चूँकि कुछ लोगों द्वारा यहाँ पर भंडारे की रोज व्यवस्था की जाती थी अतः हिसाब-किताब में मैनेजर स्वयं भंडारे की रकम जेब में रख लेता था। बाहर आकर लोगों ने बताया कि यहाँ पर भी भ्रष्टाचार है।

भौतिक शरीर के लिए आर्थिक साधनों की आवश्यकता है। साधु चाहे किसी भी दुर्गम रास्ते या तीर्थों पर रहता हो, चाप, लकड़ी, चिलम, अनाज आदि की आवश्यकता होगी ही। गंगोत्री, गौमुख और तपोवन में भी सारी वस्तुओं की जरूरत साधुओं को है। बेशक अल्पाहारी साधु हैं फिर भी आर्थिक साधनों की आवश्यकता इन्हें भी है। इसके लिए इन लोगों को यहाँ के मूल निवासियों से मदद मिलती है या तीर्थयात्रियों से। 6 महीने शीतकाल में साधु अधिकतर मैदानों में अपने श्रद्धालुओं के यहाँ भी जाते हैं। भौतिक चीजों की पूर्ति द्वारा ही भौतिक शरीर जीवित रह सकता है। इनका अपने शिष्यों, तीर्थयात्रियों या मूल निवासियों से जरूरत की माँग करना मुझे नाजायज नहीं लगा। कुछ साधु जो पाखंड करके गैरिक वस्त्रों या गुफा में रहकर सिर्फ भौतिक साधनों में लीन हैं वह जरूर गलत है। तीर्थाटन करनेवाले लोगों को ऐसे पाखंडी साधुओं से बचकर सच्चे आध्यात्मिक साधु को, चाहे वह साधारण वेशभूषा में व गृहस्थ ही हों, सेवा व श्रद्धा से नमन करना चाहिए। दिल में अजीब भाव थे। हमने 1500 रुपए के खाने के पैकेट बनवाकर बाँट दिए।

विचार मंथन चल रहा था। निष्कर्ष रूप में लगा कि कीचड़ में घुसने से ही कमल हाथ लगता है। बेशक यहाँ कीचड़ है लेकिन कमल भी है।

गंगोत्री से गौमुख तक लगभग 30 गुफाएँ हैं, जिनमें अनेक सिद्ध पुरुष, ज्ञानी एवं साधक संत शांति और आनंदपूर्वक निवास करते हैं, जबकि दूसरे क्षेत्रों की पर्वतीय गुफाओं में चीते और गीदड़ मिलते हैं। यदि हम गंगोत्री क्षेत्र में गुफाओं में निवास करनेवाले सिद्ध पुरुषों के पास श्रद्धा-भक्तिपूर्वक, विनम्र भाव से जाएँ तो अमृत तुल्य दिव्य ज्ञान प्राप्त कर सकते हैं। यदि ऐसे ज्ञानी पुरुषों से मिलकर हमें ज्ञान-अनुभव प्राप्त हो, हमारे बंद नेत्र खुल जाएँ तो

हमारा इस क्षेत्र की यात्रा करना सफल है। आज भी ज्यादातर यात्री मंदिर-दर्शन, जलार्पण या भिखारियों और पंडों को दान-दक्षिणा भेंट करके पुण्य अर्जित करने के लिए ही गंगोत्री क्षेत्र की तीर्थयात्रा करते हैं। जबकि इन बातों से मन में कोई गुणात्मक परिवर्तन नहीं होता, बल्कि अहंकार कुछ ज्यादा ही दृढ़ हो जाता है। हे भारतवासी ! तुम और मैं सात बार धन्य हैं, क्योंकि हम महान भारतवर्ष की संतान हैं।

रात को गंगोत्री में 'डालमिया निवास' के अपने कमरे में रुकने के बाद अगले दिन सबेरे हम मंदिर के दूर से ही दर्शन कर गौरीकुंड के लिए रवाना हो गए। गंगोत्री का गंगाजल नहीं लिया, कोई प्रसाद नहीं लिया, किसी पंडे को दान-दक्षिणा भेंट नहीं दी, क्योंकि ये बातें अब मेरे लिए गौण हैं।

10

अनुभव का एक और पड़ाव : केदारनाथ

अब हमारी मंजिल थी—केदारनाथ।

केदारनाथ शिव के बारह प्रसिद्ध लिंगों में सर्वथा प्रमुख है। केदारनाथ में शिव की उपस्थिति सदैव रहती है, यह माना जाता है। गरुड़ पुराण में उल्लेख मिलता है कि 'केदार तीर्थ सब पापों का क्षय करनेवाला है।' केदारनाथ होकर बद्रीनाथ जाने का विशेष महत्त्व स्वीकार किया गया है।

केदारनाथ की यात्रा के लिए मुख्यतया दो मार्ग हैं। पहला मार्ग—टिहरी से गडोलिया, घनसाली, चिरबटिया, तिलवाड़ा, अगस्त्यमुनि, कुंड, गुप्तकाशी, नाला, फाटा, सोनप्रयाग, गौरीकुंड, रामबाड़ा, गरुड़ चट्टी होकर केदारनाथ पहुँचता है, तो दूसरा मार्ग—टिहरी से श्रीनगर, रुद्रप्रयाग, तिलवाड़ा, गौरीकुंड होकर केदारनाथ जाता है। केदारनाथ की यात्रा के लिए गौरीकुंड तक सफ़र बस से किया जा सकता है लेकिन आगे लगभग 14 किलोमीटर पैदल अथवा घोड़ों पर या फिर डाँडी पर सवार होकर यात्रा करनी पड़ती है। डाँडी या बहँगी को पहाड़ी कुली अपने कंधों पर उठाकर चलते हैं। हमारी बस यात्रा के लिए पहले मार्ग पर ही जा रही थी।

गंगोत्री से लौटकर हम टिहरी से कुछ पहले ही छाम नामक एक प्रायः अज्ञात स्थान पर रात्रि विश्राम के लिए रुके थे। यह एक छोटा-सा अत्यंत रमणीक स्थान है। छाम का अर्थ संभवतः पर्णकुटी होता है। इस स्थान की आबादी बहुत कम है।

रात्रि विश्राम के पश्चात् हम सुबह चार बजे उठकर नित्यादि कर्म से निवृत्त हुए। तत्पश्चात् होटल मालिक ने हमें चाय पिलवाई। वह चाय हमें

इतनी अधिक स्वादिष्ट लगी कि अगस्त्यमुनि तक हमारे गले में उसका स्वाद ताजा रहा।

छाम से सबेरे पाँच बजे हमारी बस गौरीकुंड के लिए रवाना हुई। उस समय चारों तरफ अँधेरा छाया हुआ था। बस की हैडलाइट से रौशन सड़क के टुकड़े के अतिरिक्त और कुछ दिखाई नहीं देता था। हमारी आँखों में रात की कुछ खुमारी शेष थी, इसलिए बस के सफर में प्रारंभ में मैं आँखें बंद किए ऊँघता रहा। लेकिन फिर भी यदा-कदा खिड़की से बाहर झाँककर, आँखें फाड़-फाड़कर बाहर के दृश्य पकड़ने की चेष्ट करता था। सूर्यनारायण के दर्शन के साथ ही प्राकृतिक सौंदर्य से मंत्रमुग्ध हम खिड़की के बाहर ही देख रहे थे। रास्ते में कई जगह हमने घने फलदार वृक्ष देखे। ज्यादातर धान के खेत दिखाई दिए। कई स्थानों पर खेत अत्यधिक सुंदर दिखे, जैसे कि रंगोली सजाई हुई हो।

चिरबटिया पहुँचने पर हमने पाया कि एक विशेष प्रकार की गंध हवा में गमक रही है। हमने सहयात्रियों से उस गंध के विषय में जानना चाहा तो पता चला कि चिरबटिया और तिलवाड़ा के मध्य बाँस और बुरांज के घने वृक्ष हैं। यह उन्हीं की मिली-जुली गंध है।

बस जब अगस्त्यमुनि के बस-स्टैंड पर पहुँच गई तो मैंने हाथ-मुँह धो लिये और तब सचेत होकर बैठा। अगस्त्यमुनि बहुत सुंदर स्थान है। कहते हैं कि यहाँ मुनिश्री अगस्त्य ने तपस्या की थी और लोपामुद्रा से विवाह करके दृढ़भाव नाम का पुत्र उत्पन्न किया था। अगस्त्य मुनि तमिल काव्य के प्रणेता भी माने जाते हैं। उनके नाम का यहाँ एक प्रसिद्ध मंदिर एवं आश्रम है। अगस्त्यमुनि की घाटी बहुत खुली है। अगस्त्यमुनि से कुछ मील दूर स्कंध पर्वत पर स्वामी कार्तिकेय का प्रसिद्ध मंदिर है।

अगस्त्यमुनि के पश्चात् हमारी बस जिस स्थान पर रुकी उसका नाम था—गुप्तकाशी। गुप्तकाशी भी बहुत मनोरम सौंदर्य वाला स्थान है। कहते हैं कि यहाँ देवताओं ने गुफा में रहकर शिव की अभ्यर्थना की थी। अनेक ऋषियों ने भी यहाँ शिव के दर्शनों के लिए पूजा-तपस्या की थी। यहाँ शिव की नंदी पर सवार बहुत सुंदर मूर्ति है। विश्वनाथजी की लिंगाकार मूर्ति है। अष्टधातु के शिव-पार्वती के विग्रह हैं। गुप्तकाशी के शिव और विश्वनाथ मंदिर सारे भारत में प्रसिद्ध हैं। मंदिर के समक्ष ही यहाँ यात्रियों के स्नान

के लिए एक जल का कुंड बना है जिसके बारे में कहा जाता है कि उस कुंड में गंगा-यमुना की गुप्त धाराएँ आकर मिलती हैं। गुप्तकाशी गढ़वाल मंडल का छोटा-सा प्रमुख नगर है। यहाँ चिकित्सालय, डाकघर, बाजार और अनेक विश्रामालय हैं। गुप्तकाशी में चंपा, आम और जामुन के पेड़ हैं जिनकी सुगंध यहाँ की फिजा में मौजूद थी।

गुप्तकाशी और गौरीकुंड के मध्य वन-प्रांतर में कई स्थान के वृक्षों पर काई-सी जमी हुई थी। पता चला कि यहाँ वृक्ष इतने सघन हैं कि सूर्य का प्रकाश उनके तनों तक नहीं पहुँच पाता है, इसलिए उन पर काई जमी रहती है। यहाँ प्रकृति अपनी उदारता से हमें मंत्रमुग्ध करती है। वातावरण में नाना प्रकार के फल-फूलों की सुगंध छाई हुई मिलती है। साथ ही पक्षियों का मधुर कलरव, ठंडी शांत जलवायु, ऊँचे-ऊँचे पहाड़ और मंदाकिनी इस स्थान की शोभा में चार चाँद लगा रही है।

इस स्थान के सौंदर्य का वर्णन कर सकना हमें अपनी सामर्थ्य के बाहर प्रतीत हुआ। कहाँ मैदानों का विषपूर्ण कोलाहल और कहाँ प्रकृति की नैसर्गिक सुंदरता और नीरवता ! मैं यह सोचने लगा कि मनुष्य ने किस प्रकार स्वार्थवश प्रकृति को नष्ट-भ्रष्ट किया है, फिर भी कितने ही स्थानों पर इतना अधिक सौंदर्य है कि मन और आत्मा हर्षविभोर हो जाती है। आँखें परम तृप्त हो जाती हैं।

मनुष्य ने अपने विस्तार के लिए, अपने उद्योग-धंधों के विकास के लिए अनेक वन-प्रांतर नष्ट कर डाले हैं ! यह ठीक है कि उद्योग-धंधों का विकास अत्यंत आवश्यक है, लेकिन इसके साथ ही प्राकृतिक सौंदर्य की पूर्ण रक्षा करना भी हमारा धर्म है ! यदि हम एक पेड़ काटते हैं तो उसके स्थान पर एक अन्य पेड़ रोपकर उसका पोषण और रक्षा कर, प्राकृतिक संतुलन बनाए रखना चाहिए। बुद्ध ने डाकू अंगुलिमाल से कहा था—"तुम अपने स्वार्थवश दूसरों की जिंदगी लेते हो, लेकिन क्या एक पत्ता जो टूट गया, उसे पुनः जोड़ सकते हो ?" हमारे विचार से जो वस्तु हम उत्पन्न नहीं कर सकते हों, उसे नष्ट करने का अधिकार हमें बिलकुल नहीं है। मनुष्य जब अपनी भौतिक सुख-समृद्धि के लिए प्रकृति की धरोहर का विनाश कर रहा है, तो उसकी बुद्धि पर तरस खाए बिना नहीं रहा जा सकता है। इस प्रकार प्रकृति का विनाश कर हम आगे आनेवाली पीढ़ियों के समक्ष कितना भयावह संकट

उपस्थित कर रहे हैं, यह शोचनीय विषय है।

ऐसे ही विचारों में खोया था कि बस गौरीकुंड पहुँच गई। मार्ग में 'ट्रैफिक-जाम' था। सभी वाहन बेतरतीब सड़क पर खड़े थे। पुलिस-व्यवस्था का भी उचित प्रबंध नहीं था। बड़ी असुविधा महसूस हुई। प्रत्येक वाहन जल्दी निकलने के लिए इस प्रकार नियम-उल्लंघन करने पर उतारू था कि हमें मनुष्य बिना पूँछवाला पशु ही प्रतीत हुआ।

गौरीकुंड केदारनाथ का अंतिम पड़ाव है। गौरीकुंड समुद्र तल से 1980 मीटर की ऊँचाई पर बसा सुंदर स्थान है। यह स्थान माँ गौरी की जन्म और तपस्या-स्थली है। कहते हैं कि गौरी ने इसी स्थान पर कठोर तपस्या कर महादेव को प्राप्त किया था, जिनसे उन्हें कार्तिकेय नामक पुत्र उत्पन्न हुआ था। यहाँ जल के दो कुंड हैं। एक कुंड का पानी ठंडा है। यह अमृतकुंड या लालकुंड कहलाता है। कहा जाता है कि गौरी ने इस कुंड में ऋतु-स्नान किया था। इस कुंड में गौमुख से जलधारा आकर मिलती है। यहाँ पितरों को जलार्पण किया जाता है। दूसरे कुंड का पानी गर्म है। गौरीकुंड में पार्वती का प्रसिद्ध मंदिर है। इस मंदिर की मूर्ति में उन्हें महादेव की प्राप्ति के लिए एक टाँग पर खड़े होकर तपस्या करते हुए दिखाया गया है। दूसरा प्रसिद्ध मंदिर राधा-कृष्ण का है।

गौरीकुंड का प्राकृतिक सौंदर्य अत्यधिक प्रभावित करनेवाला है। यात्रियों की सुविधा के लिए यहाँ अनेक विश्रामालय—धर्मशालाएँ, होटल, लॉज, आश्रम इत्यादि हैं। यहाँ 'भारत सेवा आश्रम' और 'काली कमली आश्रम' की शाखाएँ भी हैं, जिनमें यात्रियों से ठहरने का शुल्क तो नहीं लिया जाता लेकिन दान स्वरूप कम-से-कम पाँच सौ रुपए की रसीद कटानी पड़ती है। गौरीकुंड में सुविधा की प्रायः समस्त चीजें प्राप्त हो जाती हैं। खाना इत्यादि बहुत अच्छा मिलता है।

गौरीकुंड पहुँचकर हमने 'दीपक-लॉज' में रात्रि विश्राम के लिए स्थान प्राप्त कर लिया। 'दीपक-लॉज' के मालिक श्री शंभू प्रसाद ने बताया कि आजकल 'सीजन' है और अत्यधिक तीर्थयात्री आ रहे हैं, अतएव गौरीकुंड में स्थान की कमी है। 'दीपक-लॉज' में रात्रि बारह बजे तक यात्रियों का आना-जाना लगा रहता है।

गर्म कुंड में स्नान करते हुए हमने 'गोरख डिग्गी' नामक स्थान के बारे

में सुना। मंदाकिनी के पार वह स्थान था। यहाँ मंदाकिनी बहुत शोर करती हुई बहती है। स्नान के पश्चात् हम उस स्थान पर गए।

एक वृक्ष के नीचे अनेक छोटे आकार वाली गुफाएँ-सी बनी हैं। यह स्थान ही गोरख डिग्गी कहलाता है। कहा जाता है कि यहाँ गुरु गोरखनाथ ने तप साधना की थी। इस स्थान पर लोग अगरबत्ती जलाकर अपनी श्रद्धा व्यक्त करते हैं। मैं यहाँ आकर ध्यान के लिए बैठ गया। मुझमें तुरंत ही शक्ति का संचार हुआ और गुरु गोरखनाथ प्रकट हो गए। उन्होंने कहा—"यह शक्ति पीठ है। यहाँ आदिदेव गणेश ने साधना की थी।" मुझे गणेश के भी दर्शन हुए। उनके दर्शनों के समय मेरे शरीर में इतना तीव्र कंपन हुआ, जैसा पहले कभी नहीं हुआ था। ध्यान में मुझे एक अन्य अज्ञात साधु के भी दर्शन हुए। उस साधु के चेहरे पर एक ही भौंह थी। वह साधु अपने त्रिशूल से बार-बार मेरे मस्तक पर वार करने लगा। मेरा सिर भन्ना-सा गया। ऐसा लगा कि मैं गहरे नशे में डूब गया हूँ। फिर मुझे गायत्री माता के दर्शन हुए। प्रकाश की तरह चमकता हुआ 'ॐ' बीजाक्षर प्रकट हुआ। फिर नाभि में सूर्य के सदृश्य प्रकाश उत्पन्न हो गया और तब शिव प्रकट हुए। उनकी जटाओं से बूँद-बूँद अमृत टपक रहा था। मैं आँखें फाड़-फाड़कर उन्हें देख रहा था। शिव मुझसे बोले—"साधक, इस अमृत का पान कर !" मैंने ध्यान में ही उस अमृत को पीया। तब एक साधु उड़ता हुआ आया। उसकी जटाएँ हवा में लहरा रही थीं। वह बोला—"साधक, आ तुझे अंतरिक्ष घुमा लाऊँ।" और हाथ पकड़कर मुझे अंतरिक्ष में उठाए ले चला। अनंत नभ में तारामंडल के नजदीक मैं बहुत देर तक उड़ता रहा। फिर अचानक मेरा ध्यान टूट गया।

मैं बहुत देर तक सोचता रहा कि ऐसे अनुभव तो मुझे पहले कभी नहीं हुए। क्या यह सब एक काल्पनिक उड़ान ही थी ? लेकिन मैं काफी आनंद का अनुभव कर रहा था। सोचा कि यदि कल्पना इतना अधिक आनंद प्रदान कर सकती है, तो वह क्या बुरी है ? कल्पना करके ही तो मनुष्य आदम स्थिति से यहाँ तक पहुँचा है। कल्पना में ही विज्ञान समाया हुआ है। पहले व्यक्ति ने कल्पना की बात में अनुसंधान करके उसे सत्य किया। योग कल्पना शक्ति का उत्कृष्ट रूप है।

गौरीकुंड में सुबह आठ बजे सोकर उठा। गर्म पानी से स्नान करने के पश्चात् चाय पी और केदारनाथ जाने के लिए तैयारी करने लगे। रवींद्र को मैंने एक बैग में कुछ गर्म कपड़े, दवाइयाँ, चूर्ण, बरसाती और छतरी आदि रख लेने का निर्देश दिया। अपना बड़ा बैग हमने 'लॉज' के 'लॉकरूम' में जमा करवा दिया, उन्होंने पाँच रुपए की रसीद काटी।

केदारनाथ पहुँचने के लिए दुर्गम पथ पर बहुत अधिक चढ़ाई चढ़नी पड़ती है। वहाँ शीत भी अधिक है। केदारनाथ समुद्र तल से 3580 मीटर की ऊँचाई पर अवस्थित है। पत्थरों से बना रास्ता काफी ऊबड़-खाबड़ है। फिर भी अधिकांश यात्री घोड़ों पर अथवा डाँडी पर सवार होकर नहीं, बल्कि पैदल ही यात्रा करना उचित समझते हैं। संभवतः इससे उन्हें अधिक पुण्य प्राप्त होता है। हमने केदारनाथ जाने के लिए एक सौ पचास रुपए प्रति घोड़े के हिसाब से दो घोड़े किराए पर लिये। घोड़े वाले यात्रियों की असुविधा का खयाल किए बिना तेज चाल से चलते हैं। 'जय केदार' की ध्वनि से रास्ता गुंजायमान रहता है।

रास्ते के दोनों ओर जहाँ तक दृष्टि जाती है ऊँचे-ऊँचे खूबसूरत पहाड़ और मनमोहक हरियाली फैली दिखाई देती है। गौरीकुंड से लगभग डेढ़ किलोमीटर पर 'चिरपटिया भैरों' स्थान है। यात्री यहाँ चीर चढ़ाते हैं। कुछ और आगे चलने पर 'जंगल चट्टी' नामक स्थान आता है। यहाँ 'रेस्टोरेंट' इत्यादि हैं। यात्रीगण यहाँ जलपान ग्रहण करते हैं। इस स्थान की प्राकृतिक शोभा अपूर्व है। यहाँ एक मोड़ के पास मंदाकिनी का भयंकर गर्जन सुनाई देता है। पानी का प्रवाह एक बड़े पत्थर से टकराकर दूध-फेन की तरह उबल रहा है। इसके बाद रामबाड़ा आता है। रामबाड़ा गौरीकुंड से सात किलोमीटर की दूरी पर समुद्र तल से 2592 मीटर की ऊँचाई पर स्थित है। यात्रियों के विश्राम के लिए यहाँ अनेक रेस्टोरेंट, होटल आदि हैं। रामबाड़ा में 'बिरला भवन' की शाखा भी है। ढाबे टाइप होटल अधिक संख्या में हैं। एक 'रेस्टोरेंट' पर हमने आलू के पराँठे और चाय ली। 'रेस्टोरेंट' वाले ने हमसे बिल से कुछ अधिक पैसे माँगे। पराँठे के साथ दिए छोले के पैसे भी उसने जोड़ लिए थे। हमने विरोध किया तो वह बोला—"क्या करें साहब, जिला परिषद ने छः हजार रुपए लेकर हमें यह स्थान दिया है। खर्चा भी पूरा नहीं होता।"

रामबाड़ा से आगे की चढ़ाई अधिक कठिन है। इस चढ़ाई का नाम है—भीमसैन चढ़ाई। यहाँ रास्ते में कई सुंदर झरने हैं। कई झरनों की बर्फ जमी हुई थी। कुछ और आगे चले तो 'देवदखनी' नामक स्थान आया। यहाँ से केदार मंदिर का शिखर दिखाई दे जाता है। आगे आती है—'गरुड़ चट्टी।' समुद्र तल से इस स्थान की ऊँचाई है—3260 मीटर। पत्थर की एक शिला पर 'गरुड़' लिखा है, यहीं पूजा की जाती है।

केदारनाथ से कुछ पहले ही घोड़े वाले ने हमें उतार दिया। उन्हें उस स्थान से आगे जाने की अनुमति नहीं थी। राह में हमसे जिला परिषद द्वारा बीस रुपए प्रति यात्री के हिसाब से कर के रूप में वसूल किए गए, जिसके बारे में कहा गया कि यह रुपया घोड़ों के रख-रखाव और कुलियों की सुश्रूषा में व्यय होता है। लो आखिर हम केदारनाथ पहुँच ही गए।

केदारपुरी की शोभा अवर्णनीय है। बर्फ से ढकी हिमालय की चोटियाँ और नाना प्रकार की हरियाली का सौंदर्य मन तृप्त कर अव्यक्त दिव्य भावों से भर देता है। पर्वत-शिखरों से अठखेलियाँ-सी करते बादलों को देखकर हम हर्षविभोर हो गए। कैसा भी कठोर हृदय क्यों न हो यहाँ आकर ईश्वरीय सत्ता के प्रति श्रद्धानत हुए बिना नहीं रह सकता। केदारकल्प में स्वयं शिव ने इस स्थान को अपने ही समान अनादि और प्राचीन बताया है। सतयुग में महात्मा उपमन्यु ने इसी स्थान पर तप किया था। स्कंध पुराण के प्रथम अध्याय में उल्लेख है—युधिष्ठिर आदि पांडवगण ने गौत्र और गुरु हत्या के पाप से छूटने का उपाय मुनि वेदव्यास से पूछा। वेदव्यासजी बोले—"शास्त्रों में इन पापों का कोई प्रायश्चित नहीं है। फिर भी तुम लोग केदार तीर्थ जाओ। केदार तीर्थ में मनुष्य सब पापों से मुक्त हो जाता है।" कहते हैं कि मुनिश्री वेदव्यासजी का सुझाव मानकर पांडव यहीं आकर तपस्या करने लगे। उन्हें जातिनाशक, कुलद्रोही समझकर शिव महीषी का रूप धारण कर अंतर्धान होने लगे। भीम ने उन्हें पहचानकर पीछे से पकड़ लिया। वही भाग केदारनाथ में शिला पर अवस्थित है। शिव के अन्य अंग बाहु—तुंगनाथ में, मुख—मुद्रनाथ में, नाभि—मदमहेश्वर में और जटा—कल्पेश्वर में है। यही पंचकेदार कहलाते हैं।

केदारनाथ मंदिर के प्रवेश द्वार पर वृषभ पर आरूढ़ भगवान शिव की विशाल प्रतिमा है। प्रवेश पथ पर गणेश विराजमान हैं। मुख्य द्वार के पश्चात् दीवारों पर माता कुंती और द्रौपदी सहित पाँचों पांडव उपस्थित हैं। दाईं ओर

आगे पार्वती और बाईं ओर लक्ष्मी की मूर्तियाँ हैं। मंदिर के भीतर एक छोर पर काले पत्थर पर महीषी के पिछले भाग की प्रतिमा है। यही प्रतिमा केदारनाथ के रूप में पूजी जाती है। पूजा 6 माह यहाँ और 6 माह ऊखीमठ में होती है।

कहते हैं कि सातवीं शताब्दी में शंकराचार्य ने इस मंदिर की पुनर्प्रतिष्ठा कराई थी। मंदिर के पीछे शंकराचार्य की समाधि है। मंदिर के पास ही 'हंसकुंड' है। यहाँ श्राद्ध-तर्पण आदि होते हैं। 'उदककुंड' यहीं है। मंदिर के पीछे 'अमृतकुंड' तथा कुछ दूरी पर 'रेतसकुंड' है। मंदिर के बाहर पूर्व दिशा में एक पहाड़ी पर 'भैरवनाथ' का मंदिर है। केदारनाथ की पूजा के उपरांत यात्री वहाँ जाते हैं।

थोड़ी दूर पर 'वासुकी ताल' है। मंदिर से चार किलोमीटर की दूरी पर 'गाँधी सरोवर' है।

केदारनाथ मंदिर से एक किलोमीटर की दूरी पर भैरवनाथ मंदिर के निकट एक छोटी-सी गुफा है। उस गुफा में हमारे एक गुरुजी रहते हैं। गुरुजी का नाम है—अमृत सत्यानंद अवधूत। वे फलाहारी बाबा के नाम से विख्यात हैं। वे तंत्र, योगासन और प्राकृतिक चिकित्सा के विशेषज्ञ हैं। उन्होंने 'अवधूत सेवा सदन' नामक आश्रम खोला हुआ है जिसमें शिष्य उनके साथ रहकर ब्रह्मविद्या विषयक ज्ञान प्राप्त करते और साधना करते हैं। मेरा उनसे परिचय सन् 1987 में हुआ था। वे मेरे पास हापुड़ में कई दफा आ चुके हैं। सन् 1993 में मैं केदारनाथ की यात्रा के समय उन्हीं के पास रुका था। इस बार भी मेरा इरादा उन्हीं के पास ठहरने का था।

केदारनाथ पहुँचकर मंदिर में दर्शन करने के पश्चात् हम गुरुजी की गुफा की ओर बढ़ चले। गुरुजी हमें राह में ही मिल गए। वे बाजार से कुछ सौदा-सुलुफ लेकर लौट रहे थे। हमें देखकर गुरुजी बहुत खुश हुए और अपने साथ गुफा में ले चले। राह में गुरुजी से बहुत बातें हुईं जिनमें अधिकांश उनके व्यक्तिगत जीवन के विषय में थीं। गुरुजी ने बताया—"मैं बांग्लादेश का रहनेवाला हूँ। पूर्वी पाकिस्तान बनने के समय मैं गुवाहाटी चला आया था। आध्यात्मिक ज्ञान के प्रति मुझे बचपन से ही रुचि है। सन् 1965 में स्वामी विश्वानंद से दीक्षा लेकर मैं आनंदमार्गी हो गया। सन् 1969 में राँची में आनंद मार्ग के संस्थापक आनंदमूर्ति से मिला था। उन्हीं के कहने पर गृह

त्यागकर संन्यासी हो गया। मैंने 7 बरस तक श्मशान में रहकर तंत्र साधना भी की है। मैंने सात्विक और तामसिक दोनों प्रकार की तंत्र साधना की है। सात्विक तंत्र में परम पुरुष या इष्ट की उपासना ही ध्येय होती है, जबकि तामसिक तंत्र में मांस, मदिरा, मैथुन, बलि द्वारा शक्ति प्राप्त कर मन को परम पुरुष के साथ सयुंक्त कर लज्जा, घृणा, भय, क्रोध आदि वृत्तियों से मुक्त करना ही साधना का उद्देश्य है। अमावस्या की रात्रि को श्मशान में एकांत में बिलकुल नग्न अवस्था में नरमुंड बीच में रखकर मंत्रों की सहायता से तंत्र साधना की जाती है। तंत्र में सिद्धि प्राप्त होने पर व्यक्ति में अनेक गुप्त शक्तियों का प्रादुर्भाव हो जाता है।''

मैंने कहा–''गुरुजी, मुझे तो आप पहले ऐसे व्यक्ति मिले हैं, जो सात्विक और तामसिक दोनों तंत्रों के सिद्ध आचार्य हैं।''

वे मुसकराए और बोले–''मैंने चैतन्य महाप्रभु की भक्ति साधना और रामकृष्ण परमहंस की योग साधना में भी रुचि ली है। चैतन्य महाप्रभु की भक्ति साधना में हम प्रभु के कीर्तन से परमानंद पाते हुए परम पुरुष से संयुक्त हो जाते हैं, तो योग साधना में कुंडलिनी शक्ति को मूलाधार-चक्र से उठाकर सहस्रधार में पहुँचाकर ब्रह्मानंद प्राप्त कर स्वयंभू ब्रह्मा हो जाते हैं।''

गुरुजी ने यह भी बताया–''मैं सन् 1978 में केदारनाथ आया था। यहाँ रहकर मैंने तीन वर्ष तक कठोर तप साधना की है। केदारनाथ के पंडों ने प्रारंभ में मुझे बहुत प्रताड़ित किया। लेकिन मैंने सहन कर लिया। अब सब कुछ ठीक-ठाक है। सन् 1986 से मैं 12 वर्ष की कठोर तप साधना कर रहा हूँ, ताकि विश्व में शांति स्थापित रहे। मेरी साधना सन् 1997 में समाप्त होगी।''

बातें करते हुए हम गुफा तक आ गए थे। गुरुजी की गुफा अत्यंत सुंदर स्थान पर है। यहाँ प्रकृति उन्मुक्त यौवना-सी दिखाई देती है। गुफा की बगल में भैरवनाथ का मंदिर है जिसकी देख-रेख गुरुजी के जिम्मे है। गुरुजी की गुफा में रहने और साधना करने के लिए सब सुविधाएँ हैं। आज यहाँ अनेक सिद्ध पुरुषों के दर्शनों का सौभाग्य प्राप्त हुआ। कोई डमरू बजा रहा था, तो कोई अपनी जटा खोले तांडव-नृत्य पेश कर रहा था। कोई ध्यान में मग्न था। एकांत शांत स्थान पर संन्यासी पूरे भावावेश में ईश्वर की आराधना कर रहे थे।

मैं सायं 4 बजे से 6 बजे तक गुफा के बाहर लॉन में कंबल बिछाकर ध्यान-मग्न हुआ। ध्यान के लिए गुरुजी ने निर्देश दिया कि स्थिर होकर नासिका के अग्र भाग पर दृष्टि जमाकर साँसें गिनो। इससे मन एकाग्र हो जाएगा। तत्पश्चात् मन के संकल्प-विकल्प समाप्त होकर साधना की स्थिति आ जाएगी।

ध्यान में कंपन के पश्चात् सूर्य मेरी आत्मा को ज्योतिर्मय करता हुआ प्रतीत हुआ। मेरी आँखों के समक्ष विभिन्न रंगों वाला प्रकाश उत्पन्न हुआ। मुझे महात्मा बुद्ध और रामकृष्ण परमहंस के दर्शन हुए। फिर हापुड़ चेयरमैन सतीश मित्तल के गुरु के दर्शन हुए। उन्होंने वार्त्तालाप कर मुझे देवी भगवती की शक्ति प्रदान की। रामकृष्ण परमहंस यात्रा में हमेशा मेरे साथ रहे थे।

मैंने ध्यान समाप्त कर अपने अनुभव गुरुजी को बताए। उन्होंने इतना ही कहा कि शरीर में चालीस वर्ष की उम्र के पश्चात् जो जड़ता आ जाती है, वह ध्यान-योग करने से नहीं आएगी।

रात को रवींद्र ने दाल-चावल की खिचड़ी पकाई। उसे खाकर हम गुफा में ही सोने की तैयारी करने लगे। गुरुजी ने हमें गुफा के बैठक कक्ष अर्थात् अपने 'ड्राइंगरूम' में सुलाया। 'ड्राइंगरूम' के साथ एक अन्य कमरा था, जिसमें उनका एक शिष्य सो रहा था। 'ड्राइंगरूम' में सोफा-मेज-कुर्सियाँ सजी थीं। नीचे फर्श पर कारपेट बिछा था। रवींद्र सोफे पर और मैं कारपेट पर कंबल बिछाकर रजाई ओढ़कर सोया। गर्म पानी का थर्मस हमने अपने पास रख लिया था।

मेज पर कुछ किताबें, एलबम और डायरी रखी थीं। मैंने उन्हें उलट-पुलटकर देखा। डायरी में संन्यासी बननेवाले व्यक्ति के लिए आवश्यक बातें लिखी हुई थीं। वे इस प्रकार हैं—

> संन्यासी को अपनी दाढ़ी एक हाथ लंबी रखनी चाहिए। सिर के बाल भी कम-से-कम आधा हाथ लंबे रखने चाहिए एवं जोड़ों के बाल काटने नहीं चाहिए।
>
> संन्यासी को इत्र का प्रयोग नहीं करना चाहिए।
>
> गद्देदार बिस्तर का प्रयोग नहीं करना चाहिए।
>
> दाँत दातुन अथवा 'पेस्ट' से माँजने चाहिए।
>
> साधु को अपने बिस्तर पर अकेले ही सोना चाहिए।

साधु को संसार में किसी के भी साथ पारिवारिक संबंध नहीं रखने चाहिए।

साधु को संसार की प्रत्येक स्त्री को, यहाँ तक की अपनी पूर्व पत्नी को भी, माँ के रूप में देखना चाहिए।

साधु को अपने घर-परिवार-स्त्री की अनुमति से संन्यास ग्रहण करना चाहिए। ऐसे किसी व्यक्ति को संन्यासी नहीं माना जाएगा, जिसने गृह त्याग से पूर्व अपनी स्त्री की अनुमति न ली हो।

साधु को अखंड ब्रह्मचर्य व्रत का पालन कठोरता से करना चाहिए। यदि स्वप्न में या अन्य किसी भी प्रकार से उसका ब्रह्मचर्य खंडित हो तो उसे कम-से-कम 12 घंटे तक उसका प्रायश्चित अवश्य करना चाहिए।

साधु को लँगोटा बाँधना चाहिए।

साधु को संयमित व सात्विक आहार ग्रहण करना चाहिए। निम्न बुद्धि के व्यक्ति से भोजन नहीं ग्रहण करना चाहिए। जहाँ तक संभव हो सके, होटलों से बचना चाहिए। रात को जल्दी सोना और सुबह जल्दी उठना चाहिए।

साधु को एकादशी, अमावस्या, पूर्णिमा को पूर्णतया निराहार व्रत करना चाहिए।

साधु को अपने शिष्य के अतिरिक्त किसी अन्य व्यक्ति की सेवाएँ नहीं लेनी चाहिए। शिष्य को गुरु की सेवा समर्पण-भाव से करनी चाहिए।

साधु को प्रतिदिन अपने इष्ट देव और गुरुदेव को श्रद्धा-सुमन अर्पित करने चाहिए।

मुझे उपर्युक्त बातें बहुत रोचक लगीं। वैसे मेरी धारणा ऐसे पलायन के विपरीत है। मैं तो अनासक्त व्यक्ति को ही साधु मानता हूँ।

सुबह लगभग छह बजे बाहर से दरवाजा खटखटाने की आवाज आई। मैंने उठकर दरवाजा खोला। सामने गुरुजी खड़े थे। उन्होंने कहा—"सुबह जल्दी

उठना चाहिए।''

मैंने उनके चरण स्पर्श करके कहा–''गुरुजी, रात को देर से सोने और सुबह देर से उठने की आदत पड़ी हुई है। लेकिन अब मैं ब्रह्म मुहूर्त्त में उठा करूँगा।'' गुरुजी मुसकराकर मुझे दैनिक कर्म से निवृत्त होने का आदेश देकर चले गए।

वहाँ शौचालय नहीं था। फारिग होने के लिए खुले में, जंगल में गया। लौटकर हाथ धोया तो पानी बर्फ की तरह ठंडा था। उँगलियाँ सुन्न पड़ गईं। पेस्ट इत्यादि के लिए मैंने रवींद्र से पानी गर्म करने के लिए कहा।

पानी गर्म हो जाने पर मैंने पेस्ट किया और कुंजल-क्रिया की। कुंजल-क्रिया में भरपेट गर्म कुछ नमकयुक्त पानी पीकर उसे गले में उँगली डालकर निकाल दिया जाता है। यह क्रिया मैं पिछले बीस वर्षों से करता आ रहा हूँ। इससे कफ-पित्त-खट्टा पानी इत्यादि निकल जाता है। इस यौगिक क्रिया से पेट साफ हो जाता है। नजला नहीं पड़ता। सिर के बाल जल्दी सफेद नहीं होते और आँखों की रोशनी बढ़ती है। चश्मा इत्यादि लगाने की जरूरत नहीं पड़ती। प्रत्येक इस क्रिया को करे तो उसे बहुत लाभ होगा।

स्नान करने की इच्छा नहीं हुई, इसलिए मैं चाय पीकर गुफा से बाहर निकल आया और प्राकृतिक सुंदरता को निहारने लगा। जहाँ तक दृष्टि जाती थी ऊँची-ऊँची बर्फ से ढकी चोटियाँ थीं। सूर्य रश्मियाँ उनसे छितराकर सोने की तरह बिखरी हुई थीं। यहाँ-वहाँ अनेक जगह मनभावन हरियाली थी। आसमान में बादल विभिन्न आकार ग्रहण कर रहे थे। मैं प्रकृति को अपनी आँखों के माध्यम से अपने दिल में बसा लेना चाह रहा था। इसलिए वहीं एक पत्थर की शिला पर बैठ गया।

मैं सोचने लगा–यह प्रकृति कब बनी ? कैसे बनी ? क्यों बनी ? किसने बनाई ? ये पहाड़...ये नदियाँ...ये झरने...ये पशु-पक्षी...ये पेड़-पौधे...ये हवा और समुद्र...सूर्य, चाँद, तारे...मानव बुद्धि इन सबको जानने का प्रयत्न करती है। अलग-अलग समय पर लोगों ने अलग-अलग निष्कर्ष निकाले हैं। अधिकतर लोग विज्ञान जो कुछ कहता है उसी को सत्य मान लेते हैं, क्योंकि वह अनुसंधान-परीक्षण करके कहता है। बाद में दूसरा वैज्ञानिक उसकी खोज को त्रुटिपूर्ण साबित कर देता है और अपनी नई खोज को प्रामाणिक बताता है। जैसाकि 19वीं शताब्दी में लोगों का विश्वास था कि मात्र प्राणियों में ही

जीवन होता है। लेकिन बाद में जगदीशचंद्र बसु ने यह साबित किया कि केवल प्राणियों में ही नहीं, वरन् वनस्पतियों में भी जीवन होता है। पेड़-पौधे भी उत्पन्न होकर बढ़ते हैं। फल-फूल प्रदान करते हैं। उनमें भी गति है। जीवन के सारे लक्षण हैं। प्रसन्नता एवं दुख और भय का अनुभव वे भी करते हैं। उन्होंने अपने प्रयोग में यह बताया कि जब हम किसी पौधे को पानी देते हैं अथवा प्यारवश सहलाते हैं तो वह प्रसन्नता का अनुभव करता है। दूसरे पौधे को सामान्य तरीके से पानी देते हैं, तो फलता-फूलता वह भी है लेकिन पहले पौधे से कम। और अगर हम किसी तीसरे पौधे को पानी देते समय मन में बुरी भावना रखते हैं, तो वह या तो बढ़ता ही नहीं है या मुरझाकर सूख जाता है। अथवा बढ़ता भी है तो बहुत कम। इसी प्रकार यदि हम किसी पेड़ की छाया में विश्राम के लिए बैठते हैं, तो वह पेड़ खुशी का अनुभव करता है। इसके विपरीत यदि हम किसी पेड़ को काटने के लिए जाते हैं तो वह पेड़ भयभीत हो जाता है। अब तो यह शोध मशीनों द्वारा सिद्ध भी किया जा चुका है। प्रत्येक पदार्थ में से जीवन-सूचक तरंगें निकलती हैं। मशीन उन्हीं तरंगों को पकड़कर प्रदर्शित करती है। वैज्ञानिकों ने यह संभावना भी व्यक्त की है कि जड़ पदार्थों में भी जीवन होता है, लेकिन हम नग्न आँखों से उसके दर्शन नहीं कर सकते। विज्ञान कहता है कि पृथ्वी के समस्त अज्ञात रहस्य एक-न-एक दिन ज्ञात हो सकेंगे। लेकिन धर्म कहता है कि बहुत कुछ ज्ञात है, परंतु उससे भी अधिक अज्ञात है और वह हमेशा अज्ञात ही बना रहेगा। ईश्वर...जीवन-मृत्यु...रोग...बुढ़ापा आदि न तो पूर्णतः जाने ही जा सके हैं और न जाने ही जा सकेंगे। जो ज्ञेय नहीं है, जो सिर्फ अनुभवगम्य है उस स्वयंभू, निराकार, अव्यक्त ईश्वर को आज तक कौन जान सका है ? ईश्वर ने बनाई यह प्रकृति—सागर, ग्रह, नक्षत्र, सूर्य-चंद्र, तो ईश्वर को किसने बनाया ? सब बुद्धि का खेल है क्या ?

तेरी मंजिल पे पहुँचना कोई आसान न था,
सरहदे-अक्ल से गुजरे तो यहाँ तक पहुँचे।

ऐसी ही विचारों से मन में उथल-पुथल मची हुई थी कि रवींद्र मुझे खिचड़ी खाने के लिए बुलाने आया। रात के बचे हुए जो दाल-चावल थे, उन्हीं को मिलाकर उसने खिचड़ी पका ली थी। हम रोज अच्छे-से-अच्छा

खाना खाते हैं, लेकिन पहले दिन के बचे दाल-चावलों की खिचड़ी खाकर जो आनंद मिला, वह पहले कभी नहीं मिला था। गुरुजी ने अपने लिए उबले आलू, सोयाबीन और पोसाई के चावल मिलाकर ताहरी बनाई थी। उनकी ताहरी भी खाई। फिर बाहर आकर धूप में कंबल बिछाकर लेट गया। थोड़ी देर बाद गर्मी लगने लगी, मैंने फिर स्वेटर उतार लिया। स्वेटर उतारने के कुछ देर बाद ठंड अनुभव हुई। तब मैंने स्वेटर पहन लिया। फिर गर्मी लगी तो फिर उतारा। फिर पहना, फिर उतारा। ऐसा कई बार हुआ तो महसूस हुआ कि यहाँ पर मौसम कितना अनिश्चित है। कभी सूर्य निकलता है तो धूप हो जाती है और गर्मी हो जाती है। कुछ ही देर में बादल सूर्य को छुपा लेते हैं और ठंड हो जाती है। यहाँ पर छोटे-छोटे भुनगे-जैसे उड़ते रहते हैं। वे बहुत परेशान करते हैं।

दोपहर बारह बजे अचानक बादल छा गए और बूँदें पड़ने लगीं। पहले तो मैं उठने में आनाकानी करता रहा कि कहीं ऐसा न हो कि मैं उठूँ और बादल छितरा जाएँ या धूप निकल आए। लेकिन फिर जब बरसात तेज हो गई तो मैं अपना कंबल समेटकर गुफा में आ गया। 'ड्राइंगरूम' में रवींद्र और गुरुजी पहले से बैठे हुए थे। मैं भी गुरुजी के पास सोफे पर बैठ गया। हम आध्यात्मिक विचार-विर्मश करने लगे।

बाहर बारिश के साथ-साथ ओले भी गिर रहे थे। सारे दिन मौसम खराब रहा। रवींद्र तो दूसरे कमरे में जाकर सो गया, लेकिन मैं और गुरुजी बैठे बातें करते रहे। गुरुजी ने बताया—"आनंद मार्ग में मुझे अनेक बार गिरफ्तार किया गया। मैंने इमरजेंसी के समय चार महीने का व्रत रखा था और भविष्यवाणी की थी कि दो साल में कांग्रेस सरकार का पत्ता साफ हो जाएगा।...अब मेरा आनंद मार्ग से कोई मतलब नहीं है। मैं तो सिर्फ 'परम पुरुष' के ध्यान में लीन रहता हूँ और जगत के कल्याण के लिए शांति की सूक्ष्म तरंगें पूरे विश्व में छोड़ रहा हूँ।

मैंने कहा—"गुरुजी, विश्व कल्याण के लिए कोई ऐसा अनुसंधान करो कि हम सबका जीवन प्रदीप्त हो, सार्थक हो। यम-नियम-प्रत्याहार-धारणा-ध्यान-समाधि आदि तो बहुत हो चुके। आज हमें किसी ऐसे नवीन मार्ग की आवश्यकता अनुभव हो रही है, जिसमें विज्ञान का पूरा-पूरा समन्वय हो। नई पीढ़ी वैज्ञानिक रुझान रखती है। प्राचीन हिंदू धर्म जब तक विज्ञान समन्वित

नहीं होगा, तब तक नई पीढ़ी की उसमें रुचि न जगेगी। मैं चाहता हूँ कि आप विज्ञान और धर्म का सामंजस्य पैदा कर किसी नवीन चिंतन की परिकल्पना तैयार करें, जिसमें हम सब सहभागी बनें।"

गुरुजी ने बहुत ध्यान से मुझे देखा और कहा–"भारतीय योग पूरी तरह वैज्ञानिक है। हिंदू धर्म, विज्ञान समर्थित धर्म है। तुम्हारी बात से मुझे अहसास हुआ कि तुम धर्म को कितना समझते हो ? तुम्हारी दृष्टि में धर्म क्या है ? नई पीढ़ी को धर्म के प्रति रुचिशील होना ही पड़ेगा। रुचि जगेगी, तभी वह समझ में आएगा। जब तक किसी वस्तु की जरूरत नहीं है, उसकी ओर उपेक्षा दृष्टि रहती है, लेकिन जब जरूरत होती है तो वस्तु की सार्थकता नजर आती है। नई पीढ़ी को जब आवश्यकता अनुभव होगी तो वह धर्म की ओर देखेगी और देखेगी तो पाएगी कि विज्ञान और धर्म में कोई भिन्नता है ही नहीं, इसीलिए सारा संसार आज भारत की ओर ही देख रहा है।...और दीपक, छिद्रान्वेषण की प्रवृत्ति साधुओं की नहीं होती। कबीर ने कहा है–

साधु ऐसा चाहिए, जैसे सूप सुभाय।
सार-सार को गहि करे, थोथा देह उड़ाय।।"

मैंने कहा–"अच्छा गुरुजी, कृपा करके यह बताएँ कि यहाँ एकांत गुफा में वास करके आप किस ईश्वर को खोज रहे हैं ? ईश्वर ने जब यह सारा संसार बनाया है और वह इसके कण-कण में विद्यमान है, तो क्या संसार से भागना ईश्वर से दूर होते चले जाना नहीं है ? मेरे विचार से तो मनुष्य को अपने इस जीवन को संपूर्णता से, परिपूर्णता से, प्रसन्नता से जीते हुए, सृष्टि को और अधिक आनंदमय बनाने की कोशिश करनी चाहिए।"

गुरुजी बोले–"तुम्हारी सोच अपनी जगह बिलकुल ठीक है, लेकिन आध्यात्मिक दुनिया थोड़ी अलग है। आध्यात्मिक व्यक्ति निस्वार्थ भाव से संसार-कल्याण के लिए जीवित रहता है।"

मैंने कहा–"गुरुजी, संन्यासी अपने-आपको निस्वार्थ कहते हैं, लेकिन मेरा अनुभव है कि संसार का कोई मनुष्य निस्वार्थ कार्य नहीं करता। व्यापारी व्यापार करता है तो लोगों को दिखाई दे जाता है कि वह पैसा कमाने के लिए कर रहा है। साधु-महात्मा तप करते हैं और कहते हैं कि हम निस्वार्थ हैं, वे भी या तो सिद्धि के लिए अथवा यश-कीर्ति के स्वार्थ से ही तप करते हैं।

सिद्धि-यश-कीर्ति आदि नहीं चाहिए, तो मुक्ति चाहिए। यह भी प्रत्यक्ष न सही, पर अप्रत्यक्ष रूप से तो स्वार्थ ही है। यदि आप मुक्त हो गए या आपको स्वर्ग प्राप्त हो गया, आवागमन से छुटकारा मिल गया, तो इससे भला समाज का क्या भला होगा ? समाज कैसे आगे बढ़ेगा ?''

गुरुजी जैसे किसी सोच में पड़ गए। फिर वे बोले—''अपने लेख पढ़कर सुनाओ।''

मैंने उन्हें अपने लिखे 'कल्याणकारण शिव', 'अनासक्त योगी राम', 'मध्यममार्गी गौतम बुद्ध' लेख पढ़कर सुनाए।

लेख सुनकर वे बोले—''काफी अच्छे लिखे हैं। गुरु की प्रत्येक बात शिष्य को सुनकर अमल करनी चाहिए।''

मैंने कहा—''गुरुजी, मेरी श्रद्धा आपमें हैं। मैं आपकी इज्जत करता हूँ। मैं आपसे शक्ति एवं सिद्धि लेने आया था। मैं अपना अहंकार खत्म करके आपके चरणों में झुक रहा हूँ। आपसे जो कुछ मुझे प्राप्त होगा, उसे मैं पूरी श्रद्धा से ग्रहण करूँगा। लेकिन साथ ही मैं यह भी स्पष्ट कर देना चाह रहा हूँ कि गौतम बुद्ध ने कहा है—'अप्प दीपो भव'—अपने दीपक स्वयं बनो। इसीलिए मैं अपना रास्ता खुद ही बनाना चाहता हूँ। मैं अनुयायी हो सकता हूँ, लेकिन तोता नहीं हूँ। भेड़ नहीं हूँ। पंडित भी नहीं हूँ। बुद्धि का सहारा लेना मैं अपना जन्मसिद्ध अधिकार समझता हूँ। यदि आप अन्यथा न लें तो मैं थोड़ी देर आपके साथ साधना में बैठना चाहता हूँ। साधना में तो कोई स्वार्थ नहीं होता। जो सच्चे मन से लेना चाहता है, सज्जन-महात्मा-योगी उसे देंगे अवश्य।''

बाहर बारिश बहुत तेज हो रही थी। रवींद्र जाग गया था। वह हमारे पास आकर बैठ गया। रवींद्र ने गुरुजी को दूध व मुझे चाय पिलाई। गुरुजी ने मुझसे कहा—''जाओ, जहाँ मैं साधना करता हूँ, वहाँ साधना में बैठ जाओ।''

मैं उठकर गुरुजी के साधना-कक्ष में चला गया और साधना करने बैठ गया। लेकिन मेरा ध्यान नहीं जमा और मैं पंद्रह मिनट बाद ही गुरुजी के पास लौटकर आ गया। मैंने उनसे कहा—''मैं चाहता हूँ कि आप भी मेरे साथ साधना में बैठें।''

गुरुजी मेरे साथ साधना-कक्ष में आ गए। वे अपने आसन पर बैठ गए।

उनका आसन कुछ ऊँचे स्थान पर था। मैं जिस आसन पर बैठा था वह अपेक्षाकृत नीचे था।

मैंने कहा—"गुरुजी, आप मुझे साधना के लिए निर्देश दीजिए।"

गुरुजी बोले—"तुम्हें यह अनुभव करना है कि यहाँ पर केवल मैं और तुम ही हैं। शक्ति तुम्हारे पैर के अँगूठे से आ रही है। वह जोड़ों (घुटनों) पर आकर रुक जाती है। फिर जोड़ों से ऊपर पहुँचकर वह हमारे मूलाधार चक्र में कुंडलिनी से मिलती है। मूलाधार चक्र मेरुदंड से तीन अंगुल नीचे है, यहीं कुंडलिनी का निवास है। फिर कुंडलिनी शक्ति हमारी जनन-इंद्रियों में से होती हुई नाभि में आ जाती है। नाभि में सूर्य का व अमृत का भंडार है। वहाँ से वह हृदय में आकर एकात्म होती है, जहाँ मन का निवास है। मन से एकात्म होकर वह विशुद्ध चक्र कंठ में आती है, जहाँ से समस्त स्वर निकलते हैं। वहाँ से भृगुटि में आती है, जहाँ पर बुद्धि का निवास है। फिर वह मस्तिष्क में पहुँचकर सहस्रधार में परम शिव में लीन हो जाती है। हमारा मस्तिष्क ब्रह्मांड का एक लघु रूप है। शक्ति के यहाँ पहुँचने से हम समस्त ब्रह्मांड से एकलयबद्ध होकर निर्विकल्प समाधि में पहुँच जाते हैं। मस्तिष्क में अमृत टपकता रहता है, उसका पान करके समस्त ब्रह्मांड के बारे में ज्ञान प्राप्त कर सकते हैं।"

मैं ध्यान में डूब गया। मेरे पूरे शरीर में नख से लेकर शिख तक शक्ति का संचार होने लगा। शरीर में कंपन बढ़ता चला गया और मुझे अपनी गर्दन सुदर्शन चक्र की तरह घूमती हुई प्रतीत होने ली। मेरी बंद आँखों के समक्ष एक शक्तिपुंज उदित हुआ। वह पुंज बहुत देर तक मेरे ध्यान का केंद्र रहा। मुझे लगा जैसे मेरे शरीर से मेरा प्राण (आत्मा) अलग होकर शक्तिपुंज के रूप में प्रकट हो गया है। फिर मैंने अपने सूक्ष्म शरीर (छाया रूप या एस्ट्रायल बॉडी) को अपने शरीर से अलग होते हुए देखा। प्राण एवं सूक्ष्म शरीर मेरे शरीर से अलग होकर स्थूल शरीर (फिजिकल बॉडी) को देख रहा था। सूक्ष्म शरीर पृथ्वी जैसे गोल घेरे में बैठकर सूर्य के चक्कर लगाने लगा।

ध्यान में डूबा हुआ मैं चिंतन करने लगा कि शिव की जटाएँ मन की वृत्तियाँ हैं, जिन्हें शिव ने नियंत्रित कर लिया था। मन की वृत्तियाँ नियंत्रित होने पर शिव का ज्ञान नेत्र खुल गया था, जिसके फलस्वरूप उन्होंने काम को भस्म कर दिया था।...गंगा की धारा वह अमृत है जो सहस्रधार से सदैव

टपकता रहता है। चंद्रमा शीतलता का प्रतीक है...और ज्योतिपुंज जो दिख रहा है, वह ज्ञान-नेत्रों से आत्मा का दर्शन है। प्रत्येक पुरुष की आत्मा ज्योतिपुंज की तरह प्रकाशयुक्त है।

...सिर सुदर्शन-चक्र की तरह लगातार तेज-से-तेज घूम रहा था। मन की वृत्तियाँ एक-एक कर उसमें सिमटती जा रही थीं। हठात् मस्तिष्क एकदम शांत हो गया। सारे संकल्प-विकल्प खो गए व मन अपूर्व आनंद से भर उठा। मुझे लगा जैसे मैं अमृत का पान कर मस्त हो गया हूँ। मैं शिव हूँ। कुछ देर तक यही परमानंद की अवस्था रही। फिर मैं धीरे-धीरे चेतनावस्था में लौटने लगा। मेरे हाथों और कंधों में अपूर्व कंपन होने लगा। मुझे ऐसा लगा जैसे मेरे दोनों हाथों में दो सूर्य हैं। मेरी नाभि इस प्रकार आलोड़ित हो रही थी, जैसे कि दही बिलोते हैं। मेरी साँस नागिन की फुँफकार के समान तेज-तेज चल रही थी। मेरी दो प्रतिशत होश व अट्ठानवे प्रतिशत बेहोशी जैसी स्थिति थी। इसी अवस्था में मुझे कुछ सिद्ध पुरुषों के दर्शन भी हुए। मुझे लगा कि वे सिद्ध पुरुष उसी पथ पर चलकर शिव हुए थे, जिस पथ पर मैंने अब कदम रखा था। गुरुजी ने मुझे साधना की चरमावस्था में पहुँचा दिया। क्योंकि पहले साधना में मेरी पचास प्रतिशत होश एवं पचास प्रतिशत बेहोशी की स्थिति रहती थी।

भाव-विभोर होकर मैंने अपना मस्तक गुरुजी के चरणों पर रख दिया। मैं अपना मस्तक उनके चरणों पर रगड़ने लगा। लेकिन गुरुजी पर कोई प्रभाव नहीं हुआ। वे गहन समाधि की अवस्था में थे। तब मैंने गुरु चरणों पर अपनी नाक रगड़ी। लेकिन वे अप्रभावित ही रहे। वे जगे नहीं थे। उनका आशीर्वाद का हाथ उठा नहीं था। मैं लगभग आधा घंटा उनके चरणों पर पड़ा रहा। फिर मैंने उनकी स्तुति करनी प्रारंभ की—

गुरुदेव ! आप महान योगी हैं। सिद्ध तांत्रिक हैं। आप दया-करुणा के अक्षय भंडार हैं। आप अद्वितीय शक्तियों के स्वामी हैं। मैं अहंकारी, मूढ़, अपनी इंद्रियों का दास हूँ। मेरी भूलों को क्षमा करें। आपके समक्ष बैठकर मेरा सारा अहंकार चकनाचूर हो गया है। आप मुझे अपना आशीर्वाद दें।

तब उन्होंने मुझे आशीर्वाद दिया। साधना-कक्ष से बाहर आने पर रवींद्र ने गुरुजी को एक गिलास दूध पीने को दिया। मैंने और रवींद्र ने चने-आलू के साथ चाय पी।

बेहद ठंड थी। दूसरी रात भी मैं गुफा में नीचे बिस्तर बिछाकर सोया, तो स्वयं को भाग्यशाली समझ रहा था।

सुबह छः बजे जागा। शौच आदि से निवृत्त होकर प्रकृति का नजारा करने के लिए गुफा से बाहर आकर फिर उसी पत्थर की शिला पर बैठ गया।

सूर्य अपनी पूरी गरिमा से चमक रहा था। पहले दिन की वर्षा, ओलों का कहीं कोई नामोनिशान नहीं था। सामने ही भैरव मंदिर था। अचानक मन में भैरव मंदिर देखने की इच्छा उत्पन्न हुई। मैं उठकर उसी ओर बढ़ गया।

भैरव मंदिर एक पहाड़-खंड पर बना था। मंदिर की छत इत्यादि नहीं थी। केवल भैरव की मूर्ति थी। घंटा, दान-पेटिका एवं ढेर सारे लाल, भगवा वस्त्र वहाँ लटके हुए थे। एक लाल झंडा काफी ऊँचाई पर फहरा रहा था। वहाँ कोई प्राणी नहीं था। सोचा, थोड़ी देर यहीं साधना में बैठा जाए। मैं ध्यान करने बैठ गया।

भैरव तंत्र-साधना के एक प्रमुख देवता हैं। तंत्र साधना के प्रायः सभी मंत्र उनके द्वारा किलित हैं। जब तक भैरव की उपासना कर उत्मीलन न किया जाए, तंत्र सिद्धि नहीं होती। थोड़ी देर ध्यान में डूबा ही था कि एक नर खोपड़ी-कंकाल मेरे इर्द-गिर्द चक्कर लगाने लगी। मुझे कुछ भय अनुभव हुआ। मैंने शिव का स्मरण कर उनके आयुध त्रिशूल, विष्णु का स्मरण कर उनके आयुध चक्र एवं गायत्री माता का स्मरण किया। इस प्रकार अपने मन को दृढ़ करके अपने गुरु का ध्यान किया और अपनी मानसिक शांति-तरंगों को उस खोपड़ी पर छोड़ा। वह खोपड़ी तुरंत गायब हो गई। मुझे प्रसन्नता हुई कि मैंने खोपड़ी रूपी वृत्ति, तांत्रिक व तामसिक को अपने मन की शक्ति से पराजित कर दिया। तब मेरे ध्यान में एक साधु आया। मैंने उससे आशीर्वाद माँगा। साधु ने आँखें लाल करके मुझे डपट दिया—"चल भाग यहाँ से। मैं आशीर्वाद नहीं देता।" मुझे बड़ी हैरानी हुई। मैंने सोचा, शायद यह कोई तांत्रिक है, जो मेरा यहाँ ध्यान में बैठना सहन नहीं कर पा रहा है। फिर वह साधु लोप हो गया।

फिर मुझे यूनानी वेशभूषा में कुछ व्यक्ति दिखाई दिए। उनका कद

काफी बड़ा और कंधे बड़े मजबूत और विशाल थे। मैंने उनसे आशीर्वाद की माँग की। उन्होंने अपने हाथ उठाकर भारतीय रीति से मुझे आशीर्वाद दिया। मैंने सोचा, अनेक जातियों के देशी-विदेशी लोग यहाँ आकर तपस्या करते रहे होंगे। संभवतः उनके सूक्ष्म तप शरीर यहाँ उपस्थिति हैं। अपने ध्यान में ही मैं चिंतन करने लगा कि जो व्यक्ति जिस किसी भावना से यहाँ आता है, उसके मस्तिष्क की दिव्य तरंगें उसे वैसी ही अनुभूति करा देती हैं। जो व्यक्ति पौराणिक आख्यानों से प्रभावित होकर देव-दर्शनों के लिए यहाँ आया है, उसे देवता के दर्शन करा देंगी, एवं जो व्यक्ति प्रकृति के सान्निध्य में एकांत में तप-चिंतन-मनन कर धर्म के सत्यार्थ का अन्वेषण करने का इच्छुक है, उसे उसके मस्तिष्क की दिव्य तरंगें सत्य का भान करा देंगी। मेरे विचार से पौराणिक आख्यानों और मंदिरों इत्यादि की स्थापना का उद्देश्य है कि अधिकाधिक लोग यहाँ आएँ ताकि इस क्षेत्र के निवासियों को जीविका-निर्वाह के लिए कुछ सुविधा हो सके। यहाँ न तो कल-कारखाने हैं, न खेती लायक जमीन। यहाँ के स्थायी निवासी ज्यादातर रेवड़ पालते हैं या जड़ी-बूटियों की थोड़ी-सी आय पर जीवित रहते हैं। तीर्थस्थानों के निर्माण से साल के छः महीने तीर्थयात्री यहाँ आते हैं। पौराणिक कथानकों और मंदिरों के अभाव में मात्र प्रकृति दर्शन के लिए इतने अधिक यात्रियों के यहाँ आने की आशा नहीं की जा सकती थी। प्रकृति की उदारता और एकांत वातावरण के कारण यह स्थान तपोभूमि होने के सर्वथा अनुकूल है। दिव्य आत्माएँ यहाँ वास करती आई हैं। ऋषियों ने दिव्य भाव यहाँ महसूस किए, तभी तो यहाँ का वातावरण व्यक्ति में अनायास ही परिवर्तन कर देता है।

यहाँ के अपूर्व वातावरण में मनुष्य चेतन से अर्द्धचेतन और अवचेतन में पहुँचकर प्रकृति से तादात्म्य स्थापित कर लेता है। अवचेतन ही संपूर्ण शक्तियों और समस्त ज्ञान का भंडार है। वेद की ऋचाएँ और उपनिषद आदि का ज्ञान भंडार ऐसे ही स्थान पर चिंतन के फलस्वरूप प्रथमतः आए होंगे। मेहनत, लगन, दृढ़ विश्वास और श्रद्धा से युक्त मनुष्य क्या नहीं कर सकता ? तब अज्ञात रहस्यों से साक्षात्कार होना असंभव तो नहीं।

यहाँ आकर मुझे लगा कि ईश्वर बाहरी शृंगार-स्नान, ध्यान, तिलक-चंदन नहीं देखता, चापलूसी उसे पंसद नहीं, वह देखता है मन की वृत्ति। मन का शृंगार। मन-बुद्धि-कल्पना के सूक्ष्म भावों के अनुरूप ही हम ईश्वर को जान

सकते हैं–'तोरा मन दर्पण कहलाए... ।'–मेरा तो यही विश्वास है। गुरुजी को अपने अनुभव बताए तो बोले, खोपड़ी तांत्रिक शक्ति थी। जिस साधु ने तुम्हें आशीर्वाद नहीं दिया वह उस पर अधिकार रखता था। तुमने उस शक्ति की गहनता नहीं समझी। अतः वह लोप हो गई। भविष्य में ध्यान में जो भी वृत्तियाँ आएँ उनके रहस्यों को तुम्हें जानना चाहिए। आगे ध्यान रखना।

रवींद्र ने चने और आलू उबाले ही थे कि दो ग्वाले आकर हमें अपनी भैंस का दूध भेंट कर गए। हमने आलू-चने खाकर भैंस का दूध पिया। दूध मुझे अमृत समान लगा। मन में आया कि यहाँ भैंसें जानी-अनजानी जड़ी-बूटियाँ निश्चित ही चबा जाती होंगी। उनका सार तत्त्व भैंस के दूध में अवश्य ही आ जाता होगा, सो हमने वह दूध पीकर जड़ी-बूटियों का सत्व प्राप्त कर लिया।

गुरुजी पास ही बैठे थे। वे बोले–"यहाँ आश्रम बनाना है। कुछ रुपयों की मदद मिल जाती तो... ।"

वे हर किसी व्यक्ति से कुछ-न-कुछ माँग कर बैठते हैं। उनकी बस यही एक आदत मुझे पसंद नहीं।

मैंने कहा–"गुरुजी, तृष्णा-लालच ठीक नहीं। जो कुछ व्यक्ति अपनी इच्छा और श्रद्धा से दे, उससे अधिक इच्छा रखना व्यर्थ है।"

वे कुछ नाराज-से हो गए। मुझे भी कुछ अजीब-सा लगा। कुछ समय तक हम दोनों मौन रहे। "डरूँ मैं किसलिए गुस्से से प्यार में क्या था, मैं अब खिजाँ जो रोऊँ बहार में क्या था।" मुझे लगा, हमारे बीच एक तनाव-सा खिंचा रहा। फिर हम दोनों ही शांत हो गए। मैंने सोचा, जब दो व्यक्ति मिलते हैं, तो जरूरी नहीं कि उनके समस्त विचार एक-दूसरे से मेल खाते ही हों। इस तरह का मनमुटाव होना बिलकुल साधारण बात है। सच्चाई की बात तो यह है कि यहाँ आकर, उनके सान्निध्य में रहकर, उनका आतिथ्य लाभ कर मैंने उनसे बहुत कुछ ग्रहण किया है। उन्होंने अगर मेरे समक्ष अपनी माँग रखी, तो संभवतः मुझे अपना मानकर ही। इसलिए मैं जो कुछ उन्हें भेंट कर सकता था, भेंट कर, उनसे विदा लेकर, केदारनाथ मंदिर के लिए चल दिया। क्योंकि मेरी इच्छा थी कि मैं गौरीकुंड वापस पहुँचने से पूर्व केदारनाथ मंदिर में एक बार और दर्शन कर लूँ।

केदारनाथ मंदिर में बहुत भीड़ थी। हजारों लोग वहाँ पूजा की थालियाँ लिये खड़े थे। शिव को अपने अंतर्मन में बसा लेने के लिए मैं मंदिर में गया और दर्शन कर बाहर निकल आया।

कुछ देर केदारपुरी में चहलकदमी की। केदारपुरी में ढाई सौ-तीन सौ घर हैं। छोटा-सा बाजार है, जहाँ जरूरत की सब चीजें मिल जाती हैं। कई धर्मशालाएँ हैं, जिनमें 'काली कमली धर्मशाला' और 'नेपाल की महारानी की धर्मशाला' प्रसिद्ध हैं। यहाँ पर सैकड़ों पंडे हैं। भारत के प्रत्येक क्षेत्र का एक पंडा है। यात्रियों के आने के बाद पंडे या उनके एजेंट पूछताछ करते हैं। घरों पर यात्रियों के रहने-खाने का प्रबंध करते हैं। पुरानी परंपरानुसार आनेवाले यात्री का नाम, पता, रिश्तेदारों के नाम वे अपनी पोथियों में लिखते हैं ताकि सनद रहे कि अमुक वर्ष में अमुक क्षेत्र से अमुक व्यक्ति आए थे। ये पंडे पूजा-पाठ कराकर यात्रियों से दक्षिणा लेते हैं। धनिक व्यक्तियों के तो चारों ओर पंडों का जमघट होता है। कमरे, धर्मशाला, पूजा-पाठ के रूप में दान स्वरूप बहुत सारे लोग काफी ज्यादा पैसा इन्हें दे जाते हैं। जीवन निर्वाह का साधन यही है।

केदारनाथ में एक अपाहिज व्यक्ति, जिसकी दोनों टाँगें नहीं थीं, 14 किलोमीटर गौरीकुंड से घिसटता हुआ आया था। उसने रहने के लिए कमरा लेना चाहा, निराशा का मुख ही उसको देखना पड़ा था। हल्की बारिश में व शीत से वह बीमार हो गया था। हम उसके पास गए। वह बोला, यदि आप मुझे रात सोने के लिए कमरा दिला दें तो आपका आभारी रहूँगा। बिहार से भगवान विश्वनाथ के दर्शन करने आया हूँ। भगवान की इस क्रीड़ाभूमि पर अथक परिश्रम, कष्ट झेले। यहाँ के पंडों का व्यवहार देखकर मेरा भगवान से विश्वास ही उठ गया है। भोलेनाथ का सारा ठेका यहाँ के पंडों व पुजारियों ने ले लिया है। हमने किसी तरह बरामदे में बाहर रहने की व्यवस्था कराई। पैसे हमने उसे देने चाहे तो बोला—नहीं, भिखारी नहीं हूँ। पोस्ट ग्रेजुएट हूँ। पैसे मेरे पास हैं।

केदारनाथ तीर्थ के पंडों की भी कुछ समस्याएँ हैं। यहाँ पर सारा सामान नीचे से आता है। बिजली नहीं है। कड़ाके के शीत में कैरोसीन के स्टोव या लकड़ियों से ही काम चलाना पड़ता है। लकड़ी भी यहाँ नहीं है। यात्रियों के रहने-सहने-खाने के प्रबंध सभी पंडों को करने होते हैं। यात्री भी 12 महीनों

में सिर्फ दो-तीन महीने ही आते हैं। मई-जून में सबसे ज्यादा यात्री आते हैं। जगह की कमी के साथ यदि यात्री पंडों को समुचित दक्षिणा न दें तो ये लोग भूखे मर जाएँ। मनुष्य स्वभाव है कि भूखे व्यक्ति की सेवा, पेट भरे पर ही होती है। यहाँ के पंडों में भी यही भावना थी। यह भावना विपरीत भी नहीं है। सरकारी प्रबंध चूँकि न के बराबर है, तीर्थों के अस्तित्व को पंडे ही बनाए हुए हैं। सरकार को तीर्थों में यात्रियों की सुविधाओं पर गौर करना होगा।

तत्पश्चात् हम पैदल ही गौरीकुंड के रास्ते पर बढ़ चले। 14 किलोमीटर का सफर तय करते हुए हम गौरीकुंड वापस आ गए। रास्ते में वर्षा भी हुई थी। मेरे दोनों पैरों में छाले पड़ गए थे, एवं वे सूज गए थे।

गौरीकुंड पहुँचकर बहुत थके हुए थे, अतएव सबसे पहले स्नान करना अच्छा समझा। गर्म कुंड में स्नान करने के लिए गए तो देखा कि उसमें पानी नहीं था। एक नल से पानी आ रहा था, वह काफी गर्म था। दो रुपए में बाल्टी-लोटा किराए पर लेकर, चुल्लू में पानी भर-भरकर शरीर पर छिड़का। इस प्रकार एक बाल्टी पानी में नहाकर गौरीकुंड बस-स्टैंड के टिकट-घर पर पहुँचे। बद्रीनाथ के लिए सुबह पाँच बजे से छः तक बसें जाती हैं। कांट्रेक्ट की बसें तो कभी भी चल देती हैं। सुबह पाँच बजे की बस का टिकट लेकर हम 'दीपक लॉज' में आ गए। खाना होटल में खा लिया था। बस-कंडक्टर ने बताया था कि 'बस ठीक पाँच बजे चली जाएगी', अतः इस चिंता में कि कहीं बस न निकल जाए, रात को ठीक से नींद नहीं आई।

सुबह चार बजे उठकर बद्रीनाथ जाने की तैयारी में व्यस्त हुए। कई दिन से ठीक से नहाए नहीं थे। कपड़े नहीं बदले थे। पहले दिन के कपड़े पहने हुए ही हम बद्रीनाथ जाने के लिए बस-स्टैंड पर पहुँच गए।

11

बद्रीनाथ : स्वप्न से साक्षात्कार

सुबह सवा पाँच बजे हमारी बस ने गौरीकुंड से बद्रीनाथ की यात्रा के लिए प्रस्थान किया। केदारनाथ होकर बद्रीनाथ जानेवाले यात्री दो मार्गों से बद्रीनाथ पहुँचते हैं। पहला मार्ग—गौरीकुंड, बरास्ता ऊखीमठ, चोपता, मंडल, गोपेश्वर चमोली से बद्रीनाथ पहुँचता है, तो दूसरा मार्ग—गौरीकुंड से तिलवाड़ा रुद्रप्रयाग, कर्णप्रयाग होकर बद्रीनाथ ले जाता है। बद्रीनाथ के पहले मार्ग की दूरी, दूसरे मार्ग की अपेक्षा कुछ कम है। लेकिन हमारी बस दूसरे मार्ग से ही बद्रीनाग्थ जा रही थी। मेरे लिए यह अधिक अच्छा था, क्योंकि पहले मार्ग से मैं इससे पूर्व यात्रा कर चुका था।

पहले मार्ग से यात्रा करने पर हमें केदार घाटी के अति रम्य प्राकृतिक सौंदर्य के साथ-साथ कुछ देव-स्थानों, यथा—कालीमठ, मदमहेश्वर, ऊखीमठ और तुंगनाथ के दर्शनों का सौभाग्य प्राप्त हो जाता है। कालीमठ माँ काली का सिद्धपीठ है, तो मदमहेश्वर में शिव विराजित हैं। ऊखीमठ में शिव का अति प्राचीन मंदिर है। उषा-अनिरुद्ध, चित्रलेखा आदि के प्रसिद्ध मंदिर एवं मूर्तियाँ हैं। केदारनाथ की पूजा सर्दियों में ऊखीमठ में ही होती है। माँ पार्वती ने बाणासुर की पत्नी उषा को इसी स्थान पर नृत्य शिक्षा दी थी। ऊखीमठ से चोपता पहुँचकर चार-पाँच किलोमीटर की चढ़ाई चढ़कर तुंगनाथ के प्रसिद्ध शिव मंदिर के दर्शन किए जा सकते हैं। नंदा देवी, नीलकंठ, बंदर पूँछ आदि पर्वत शिखर यहाँ से दिखाई पड़ते हैं।

वस में बैठे हुए अचानक मैं इस बात पर विचार करने लगा कि क्या किसी देव-स्थान या तीर्थस्थान पर जाने मात्र से ही मनुष्य अपने दुखों से मुक्ति पा सकता है ? या सत्य अथवा भगवान को प्राप्त कर सकता है ? संभवतः नहीं। क्योंकि यदि किसी तीर्थस्थान पर जाने मात्र से ही व्यक्ति को

अपने दुखों से छुटकारा प्राप्त हो सकता अथवा वह सत्य और भगवान के दर्शन कर सका होता, उन्हें पा सका होता, तो सैकड़ों कुली, घोड़े वाले जो दिनभर में कई दफा इन स्थानों पर हो आते हैं, कभी के मुक्त हो गए होते। उनके सब संकट निपट गए होते। मेरे विचार से तो मनुष्य अपने मन की लगन, बुद्धि और कर्म से ही अज्ञान, अंधकार को मिटा सकता है। तब ही दुख समाप्त हो सकते हैं। ज्ञान प्राप्ति और अनासक्ति ही मनुष्य को मोक्ष और आनंद प्रदान कर सकती है। परमात्मा से साक्षात्कार करा सकती है।

मैं यह सोचने लगा कि यह जो मनुष्य का मन है, सारे झंझटों की जड़ बस यही है। मन से ही सुख और दुख हमें व्यापते हैं और मन से ही हम मुक्त होते हैं या फिर बंधनयुक्त हो जाते हैं। मन में ही क्रोध-अक्रोध, अहंकार-निरहंकार, शांति-अशांति, संकल्प-विकल्प निवास करते हैं। मन ही भयभीत होता है और मन ही निडर। मनुष्य के मन में ही ईश्वर, धर्म, संप्रदाय, ऊँच-नीच, छोटे-बड़े की भावना है। मन से ही सुयोग है और मन ही ज्ञानवान होकर प्रकाशयुक्त हो जाता है। मन के संकल्प-विकल्प को जब हम बुद्धि से देखने के अभ्यस्त हो जाते हैं एवं साधना का योग करते हैं, तब ही हमें आत्मा के दर्शन होते हैं। इन्हीं विचारों में खोया हुआ था कि बस गुप्तकाशी पहुँच गई। गुप्तकाशी में हमने दूध-जलेबी और समोसों का नाश्ता किया। गुप्तकाशी से तिलवाड़ा, रुद्रप्रयाग होते हुए जब हमारी बस कर्णप्रयाग पहुँची तो बस का टायर पंक्चर हो गया। सुबह के ग्यारह बजे थे। कंडक्टर ने यात्रियों से खाना इत्यादि खा लेने के लिए कह दिया और स्वयं टायर बदलवाने के उपक्रम में व्यस्त हो गया।

कर्णप्रयाग पिंडर गंगा और अलकनंदा नदी के संगम पर बसा एक साधारण पहाड़ी कस्बा है। यह स्थान समुद्र तल से 2600 फुट की ऊँचाई पर है। यहाँ पार्वती और कर्ण के प्रसिद्ध मंदिर हैं। कहते हैं कि महादानी श्री कर्ण ने यहीं पर उपासना करके सूर्य से अजेय कवच और अक्षय तूणीर प्राप्त किए थे। पाँच प्रयागों में से कर्णप्रयाग को तीसरा प्रयाग माना जाता है।

हमारी बस में ज्यादातर बुजुर्ग यात्री ही सवार थे। युवा तो केवल मैं और रवींद्र ही थे। बस अपने सफर पर आगे बढ़ चली। कुछ ही देर बाद वह नंदप्रयाग पहुँच गई।

अलकनंदा और मंदाकिनी के संगम पर अवस्थित है—नंदप्रयाग। समुद्र

की सतह से इस स्थान की ऊँचाई है—3206 फुट। सुनते हैं कि यहाँ किसी नंद नामक राजा ने यज्ञ किया था, इसी से इस स्थान का यह नाम पड़ा। यहाँ लक्ष्मी-नारायण मंदिर है। गोपालजी का मंदिर है। चंडिका देवी और महादेव के मंदिर भी हैं।

नंदप्रयाग से केवल 10 किलोमीटर आगे चमोली नगर है। चमोली अलकनंदा के बाएँ किनारे पर अवस्थित है। यह स्थान समुद्र तल से 3530 फुट की ऊँचाई पर है। यहाँ अलकनंदा पर बड़ा पुल बना हुआ है। चमोली जिला है, अतएव यहाँ पर सभी सुविधाएँ उपलब्ध हैं। चमोली से बद्रीनाथ की दूरी केवल 96 किलोमीटर है।

चमोली से केवल 21 किलोमीटर आगे, समुद्र तल से 4326 फुट की ऊँचाई पर है—पीपलकोठी। यहाँ कभी पीपल के अत्यधिक वृक्ष रहे होंगे, इसी से इस स्थान का यह नाम पड़ा। यहाँ की जलवायु बहुत स्वास्थ्यवर्धक है। यहाँ अनेक प्रकार के फल होते हैं। यहाँ से सात-आठ किलोमीटर की दूरी पर विरही गंगा नदी पर पुल बना है। कहते हैं कि सती की मृत्यु का समाचार सुनकर शिव-नेत्रों से अश्रुजल प्रवाहित होने लगा जिससे यह नदी बनी। इसीलिए इसका नाम विरही गंगा है। पीपलकोठी से 3-4 किलोमीटर आगे गरुड़ गंगा है। गरुड़ ने यहीं तपस्या की थी। यहाँ गरुड़ का मंदिर है। यहाँ हरियालीविहीन ऊँचे-ऊँचे काले पत्थर के पहाड़ मन को भयभीत करते हैं।

पीपलकोठी और जोशीमठ के मध्य सड़क के दोनों ओर भयंकर काले पहाड़ों के बीच से निकलती अलकनंदा नदी ऐसी लगी, मानो दो भयंकर भुजधर नागों के बीच दूधिया पानी का नाला बह रहा हो। यहाँ आकर अचानक मेरी स्मृति में एक दृश्य कौंधा और मैं चकित रह गया...अपनी दस वर्ष की उम्र से बत्तीस वर्ष की उम्र तक मैं एक स्वप्न देखता रहा हूँ कि दो भयंकर ऊँचे-काले पहाड़ हैं। इन पहाड़ों के नीचे नदी बह रही है। नदी के दोनों ओर गहरी खाई है। दोनों पहाड़ों के मध्य एक रस्सा तना हुआ है और मैं उस रस्से पर नटों की तरह चल रहा हूँ। मैं अपने शरीर का संतुलन बनाए रखते हुए एक ओर के पहाड़ से दूसरी ओर के पहाड़ पर पहुँचना चाहता हूँ। नीचे देखते हुए भय लगता है। रस्से पर चलते हुए अचानक मेरा संतुलन बिगड़ जाता है और मैं गहरी खाई में गिरने लगता हूँ। घबराकर मैं जोर से चीख पड़ता हूँ...कि आँखें खुल जाती हैं। यह स्वप्न मैंने न मालूम कितनी

दफ़ा देखा होगा।

जोशीमठ से 15 किलोमीटर पहले स्वप्न से बिलकुल मिलते हुए दृश्य को देखकर मैं रोमांचित हो उठा। मुझे अपना स्वप्न याद हो आया जिसे मैं बचपन से यदा-कदा अपने अवचेतन मन में देखा करता और रात्रि में वह स्थान मेरे सामने साक्षात् उपस्थित हो जाता था। मैं सोचने लगा कि संभवतः किसी जन्म में मैं उस स्थान पर आया होऊँगा और यहाँ मेरी किसी दुर्घटना में मृत्यु हो गई होगी। हालाँकि ऐसा सोचने का कोई बहुत ठोस आधार तो नहीं है, फिर भी मुझे लगता है कि मनुष्य का पुनर्जन्म होता है। हमारे अवचेतन पर हमारे कर्म और मृत्यु के दृश्य अंकित रहते हैं। जाग्रत अथवा स्वप्नावस्था में जब कभी अवचेतन उद्दीप्त होता है, तो उन दृश्यों अथवा संस्कारों की स्मृति ताजा हो जाती है, इससे या तो हम भयभीत हो जाते हैं अथवा प्रसन्न हो जाते हैं। जैसा कि मैं पहले लिख चुका हूँ, मनुष्य का मस्तिष्क ब्रह्मांड का एक लघु रूप ही है। जिस प्रकार ब्रह्मांड अणुओं से मिलकर बना है, उसी प्रकार हमारा मस्तिष्क हमारे संस्कारों, कर्मों से निर्मित होता है। जैसे-जैसे हम सूक्ष्म रूप में देखने लगते हैं, वैसे-वैसे हमारे संस्कार और कर्म हम पर उजागर होते चलते हैं। और हमारी जानकारी बढ़ती है। कुंडलिनी शक्ति की सूक्ष्म तरंगें हमारे मन पर पड़ी अज्ञान की तहों को हटाती जाती हैं। ज्यों-ज्यों अज्ञान अंधकार का कुहासा छँटता है, हमारी दृष्टि साफ होने लगती है, स्वार्थ-अहंकार खत्म होने लगता है। हमारे विचारों में परिवर्तन आता जाता है और हमारी आत्मा निर्मल स्वरूप ग्रहण करने लगती है। हम परमात्मा को देखने लगते हैं।

बस जोशीमठ पहुँच गई। जोशीमठ में एक ही रास्ता है। दो-दो घंटे के लिए रास्ता खुलता एवं बंद होता रहता है। हमारी बस साढ़े तीन बजे दोपहर को जोशीमठ पहुँच गई थी, लेकिन रास्ता साढ़े चार बजे खुला।

जोशीमठ शंकराचार्य के चार मठों में से एक है। बद्रीनाथ मंदिर के कपाट बंद होने पर श्री बद्रीनाथजी की पूजा यहीं होती है। जाड़ों में मंदिर समिति का कार्यालय भी यहीं रहता है। यहाँ जल का एक कुंड है जिसमें दो हस्तिकुंडों से जलधाराएँ गिरती हैं। ये कुंड नृसिंह और दंडचारा के नाम से प्रसिद्ध हैं। यहाँ यात्रियों को ठहरने के लिए पर्याप्त सुविधा प्राप्त हो जाती है। जोशीमठ समुद्र तल से 6237 फुट की ऊँचाई पर स्थित है। जोशीमठ

से थोड़ी दूरी पर मखमली हरी घास के मैदान और फूलों की घाटी है। यहाँ से 12 किलोमीटर दूरी पर नीति दर्रे से होता हुआ एक अन्य मार्ग तपोवन नामक स्थान पर गया है। तपोवन अत्यंत प्राकृतिक सुषमा वाला स्थान है। यहाँ एक गर्म जल का सोता भी है। तीन-चार किलोमीटर की दूरी पर 'भविष्य बद्री' का स्थान है। आगे धौली गंगा का पुल पार करके 'विष्णु प्रयाग' नामक स्थान आता है। कहते हैं कि यहाँ पर नारदजी ने अष्टाक्षरी मंत्र जाप करके विष्णु भगवान को प्रसन्न किया। यह पाँचवाँ प्रयाग माना जाता है। अलकनंदा और धौली गंगा का यहाँ संगम है। दोनों नदियाँ बहुत तेज़ गति से आकर मिलती हैं। यहाँ की घाटी अत्यंत तंग है और सड़क बहुत कम चौड़ी। यहाँ के दाईं ओर के पर्वत को नर तथा बाईं ओर के पर्वत को नारायण कहा जाता है। यहाँ पत्थरों से टकराता नदी का स्वच्छ-निर्मल-जल अत्यंत आकर्षक लगता है।

जोशीमठ और गोविंद घाट के मध्य सड़क पर जाम लगा था। सुनसान जंगल में बसों-कारों की बहुत लंबी पंक्ति थी। उस पंक्ति में हमारी बस भी खड़ी हो गई। जोशीमठ से चलते समय हल्की वर्षा शुरू हो गई थी। यहाँ तक आते-आते उसने प्रचंड रूप धारण कर लिया था। वर्षा के मौसम में पर्वतीय क्षेत्रों का दृश्य अत्यंत रोमांचकारी होता है। स्थान-स्थान पर बरसाती पानी के जलप्रपात-से फूट पड़ते हैं। कदम-कदम पर ऊँचाई से गिरते झरने देखकर विस्मय का स्फुरण होता है।

हमने सड़क-जाम की वजह जाननी चाही तो पता चला कि ऊँचाई से गिरते बरसाती पानी के झरने के नीचे एक मारुति कार दबकर क्षतिग्रस्त हो गई है। मारुति कार हटाने के बाद ही रास्ता खुला सका। जब हमारी बस उस झरने के नीचे आई तो हमें भी भय अनुभव हुआ। बस चालक ने तीव्र गति से बस को उस झरने के नीचे से निकाला। फिर भी झरना बहुत आवाज के साथ बस की छत पर गिरा। बस के दरवाजे, खिड़कियाँ, शीशे इत्यादि सब बंद थे, लेकिन झिर्रियों से बहुत-सा पानी बस के अंदर आ गया और हम सबको भिगो गया। 'बद्री विशाल' का जयकारा लगाते हुए बस आगे बढ़ी। कुछ ही देर बाद गोविंद घाट आ गया।

गोविंद घाट समुद्र तल से 6040 फुट की ऊँचाई पर अवस्थित है। यहाँ पर एक गुरुद्वारा है। यहाँ से लगभग 20 किलोमीटर की दूरी पर समुद्र तल

से 14200 फुट की ऊँचाई पर प्रसिद्ध गुरुद्वारा 'हेमकुंड साहिब' है, जहाँ सिक्खों के गुरु गोविंदसिंह ने तपस्या की थी। अलकनंदा नदी के पास से एक पैदल मार्ग विश्व प्रसिद्ध फूलों की घाटी और हेमकुंड लोकपाल को जाता है। घांघरिया से यह मार्ग दो टुकड़ों में बँट जाता है। एक मार्ग फूलों की घाटी ले जाता है और दूसरा हेमकुंड लोकपाल। लक्ष्मण सरोवर के बाएँ किनारे पर गुरुद्वारा और दाएँ किनारे पर लक्ष्मणजी का जीर्ण मंदिर है। अधिकतर सिक्ख यात्री ही 'हेमकुंड साहिब' जाते हैं।

बस के आगे बढ़ने पर हमने रास्ते पर अनेक ऐसे वृक्ष देखे जिनके पत्ते तनों पर ऊपर से नीचे तक छाए हुए थे। ये वृक्ष बहुत ऊँचे-ऊँचे थे। यहाँ मोरपंखी के भी अनेक वृक्ष हैं। बद्रीनाथ के रास्ते की पहाड़ियाँ बहुत ऊँची एवं चौड़ी हैं। प्रत्येक स्थान के पहाड़ों का प्राकृतिक सौंदर्य हमें पृथक लगा। गोविंद घाट से तीन-चार किलोमीटर आगे 'पांडुकेश्वर' नामक स्थान पड़ता है। यहाँ पांडवों का बनाया हुआ प्राचीन मंदिर है। 'पांडुकेश्वर' से थोड़ी दूरी पर हनुमान चट्टी है। हनुमान चट्टी के पश्चात् 'देव दर्शनी' नामक स्थान आता है। यहाँ से बद्रीनाथ मंदिर दिखाई देने लगता है। शाम साढ़े सात बजे हम बद्रीनाथ धाम पहुँच गए।

बस से उतरकर हम 'बाबा काली कमली वाले' आश्रम गए। वहाँ हमने वकील बाबा के विषय में पूछताछ की। वहाँ एक व्यक्ति ने हमें दूर एक कुटिया की ओर इशारा करके कहा—"पुल पार करके अलकनंदा नदी के साथ-साथ चलते हुए उस कुटी तक पहुँच जाओ। वहीं स्वामी दिव्यानंद उर्फ वकील बाबा मिलेंगे।"

हम उनकी कुटी पर पहुँच गए। वकील बाबा हमें मिल गए। हमें देखकर वे प्रसन्न हुए। लंबा कद, गोरा रंग, चेहरे पर ललाई, आँखों में चमक, ऐसे हैं वकील बाबा। वे इलाहाबाद के रहनेवाले हैं। पेशे से एडवोकेट थे और इलाहाबाद हाईकोर्ट में प्रैक्टिस किया करते थे। साठ बरस की उम्र में उन्होंने संन्यास ले लिया। संन्यास धारण करते समय ही उन्हें दिव्यानंद नाम मिला था। वकील बाबा ने बहुत प्रेम से हमारा स्वागत किया।

उनकी कुटिया छोटी-सी ही थी। एक तख्त पर वे लेटे हुए थे। नीचे फर्श पर एक ओर बिस्तर बिछाने की जगह थी। बारिश होने लगी थी, अतः उन्होंने कहा—"आज की रात तो तुम यहीं ठहर जाओ। सुबह तुम्हारे रहने

का इंतजाम करवा दूँगा।" वकील बाबा ने बहुत स्नेह से स्वयं कॉफी बनाकर हमें पिलाई। हम थके हुए थे और बरसात में भीग गए थे, इसलिए गर्म कॉफी अमृत समान लगी। बारिश बंद होने पर वकील बाबा ने कहा—"मंदिर के दर्शन कर आओ। फिर तुम्हारे सोने का बंदोबस्त हो जाएगा।" हम मंदिर के दर्शन करने के लिए चल दिए।

बद्रीनाथ मंदिर अलकनंदा के दक्षिणी तट पर अवस्थित है। मंदिर पहुँचने के लिए अलकनंदा का पुल पार करके जाना होता है। अलकनंदा पूरे जोर-शोर से बह रही थी। मंदिर के सिंहद्वार तक पहुँचने के लिए विशाल सीढ़ियाँ बनी हुई हैं। उन सीढ़ियों पर भिखारी बैठे रहते हैं। मंदिर के पास अनेक दुकानें हैं, जिनमें—फूल, तुलसी की माला, पूजा एवं प्रसाद की सामग्री इत्यादि मिलती है।

मंदिर भक्तगणों के दर्शन के लिए सुबह पाँच बजे से रात्रि नौ बजे तक खुलता है। प्रातः सात बजे से नौ बजे तक अभिषेक संपन्न रावलजी द्वारा होता है। मंदिर में पूजा केरल के नंबूदरी ब्राह्मण ही कर सकते हैं। यही रावलजी कहलाते हैं। सुबह नौ बजे बाल भोग (खीर) लगता है। साढ़े नौ बजे श्रीमद्भागवत गीता पाठ, दोपहर बारह बजे के लगभग महाभोग लगाया जाता है। तब मंदिर बंद कर दिया जाता है। शाम के तीन बजे के बाद विशेष पूजाएँ प्रारंभ होती हैं। रात्रि आठ बजे भोग लगाकर शयन-आरती होती है, फिर मंदिर बंद हो जाता है।

मंदिर का सिहंद्वार अति भव्य है। यहाँ नौबत (शहनाई) बजती है। यहाँ दो पुलिसवाले हथियार लेकर बैठे हुए थे। सिंहद्वार से सीढ़ियाँ उतरकर बाईं ओर शंकराचार्य का मंदिर है। सीढ़ियों से चढ़ने पर मध्य में ठीक सामने श्री बद्री विशाल का मंदिर है। सामने गरुड़जी हाथ जोड़े खड़े मिलते हैं। मंदिर के अंदर भगवान बद्री विशाल की साँवली-सलोनी सुंदर मूर्ति है। मूर्ति बहुमूल्य वस्त्र और आभूषण धारण किए हुए है। मूर्ति काले पत्थर की बनी है। मूर्ति के ऊपर सोने का छत्र है। भगवान पद्मासन ध्यान-मुद्रा में बैठे हुए हैं। उनके सिर पर चमचमाता मुकुट है। माथे पर चंदन की बिंदिया लगी है। गले में हार पड़ा है। तुलसी फूलों की माला पड़ी हुई है। दाहिनी ओर कुबेरजी की मूर्ति है। नीचे नारदजी बैठे हैं। उनके पास ही उद्धवजी। निकट ही उद्धवजी को भगवान द्वारा भेंट की गई चरण-पादुकाएँ रखी हैं। बगल में बाईं ओर

नर-नारायण भगवान हैं। इनके आसपास श्रीदेवी-भूदेवी हैं। परिक्रमा में हनुमान, गणेश, लक्ष्मी, घुष्टाकर्ण आदि की मूर्तियाँ हैं। लक्ष्मी मंदिर की बगल में भोग-मंडी है। यहाँ भगवान के लिए भोग पकाया जाता है। भगवान को भोग लगाने के पश्चात्, प्रसाद वितरित किया जाता है। मंदिर में सूखा प्रसाद तथा महाभोग निःशुल्क मिलता है।

नारायण भगवान की प्रतिमा मुझे कुछ-कुछ जैनियों के पार्श्वनाथ भगवान और बुद्ध भगवान जैसी दिखी। मंदिर के भीतरी हिस्से में नहीं जा सकते थे, अतः बाहर से ही प्रसाद पंडित को दे दिया। वह अंदर जाकर, भोग लगाकर प्रसाद वापस दे गया। मंदिर के अंदर बहुत भीड़ थी। मंदिर के बाहर भी दर्शनार्थियों की लंबी कतार लगी थी। हाँ, कुछ पंडे पैसे लेकर भक्तों को दूसरे गेट से भीतर घुसा रहे थे। मैं भी एक पंडे को शुल्क अदा कर दूसरे गेट से भीतर घुसा और भगवान के दर्शन कर जल्दी से उस अशांत वातावरण से बाहर निकल आया। बस एक झलक ही बद्री विशाल लाल की देखी। मुख्य मंदिर के अंदर दर्शनार्थियों की बहुत भीड़ थी। जगह कम होने के कारण पूजा की थालियों का सामान भी नीचे गिर रहा था। साँस लेना भी दूभर था। सब लोग किसी तरह पुजारी को अपनी थाली देते थे। पुजारी कुछ सामान नारायण भगवान के सामने रखकर वापस लौटा देता था। मेरे लिए यहाँ रुकना मुमकिन न था। बाहर आकर राहत की साँस ली थी।

आदिगुरु शंकराचार्य और उनके चार शिष्यों की मूर्तियाँ जहाँ हैं, वहाँ सत्संग भवन है। वहाँ सत्संग हो रहा था। कोई संत प्रवचन कर सत्संग-कीर्तन करा रहे थे। मैंने भी थोड़ी देर वहाँ बैठकर सत्संग-कीर्तन का आनंद लिया। पिछले साल जब मैं यहाँ आया था, तब भी मैंने लगभग दो घंटे तक कीर्तन की मधुर धुनों पर यौगिक आनंद लिया था।

मंदिर में दर्शन करने के उपरांत हमने एक ढाबे पर खाना खाया और चहलकदमी करते हुए वकील बाबा की कुटिया पर लौट आए। वकील बाबा ने हमारे लिए बिस्तर बिछवा दिया था। मैं और रवींद्र उस बिस्तर पर लेट गए। वकील बाबा तख्त पर लेटे थे। हमने दो-दो कंबल ओढ़ रखे थे, फिर भी थोड़ी सर्दी लग रही थी। लेकिन एक छोटी-सी कुटी में एक वेदांती साधु के साथ रात बिताने का अनुभव और आनंद कुछ अलग ही होता है। ऐसे अवसर जीवन में बहुत कम आते हैं। इसलिए मैं बहुत प्रसन्न था।

वकील बाबा लगभग बीस वर्षों से छः माह हरिद्वार में और छः माह बद्रीनाथ में रहते हैं। उनके चेहरे पर अपूर्व तेज विराजमान रहता है। देखने में वे देवताओं के गुरु बृहस्पति के समान दिखते हैं। फर्राटेदार अंग्रेजी-हिंदी भाषा बोलते हैं एवं संपूर्ण वेदशास्त्रों के ज्ञाता हैं। बहुत कम भोजन करते हैं। चौबीस घंटों में से पंद्रह घंटे वेद अध्ययन-ध्यान-समाधि में व्यतीत करना ही उनकी दिनचर्या है। बोलने में और कॉफी बनाने में बहुत चुस्त हैं। अस्सी वर्ष की उम्र में भी उन्हें आलस्य बिलकुल नहीं है।

बारिश फिर होने लगी थी। मैंने वकील बाबा से पूछा—"बाबा ! इस क्षेत्र के विषय में कुछ जानकारी दीजिए।"

वकील बााब ने कहा—"किंवदंती है कि नर और नारायण नाम के दो ऋषियों ने, जो धर्म और कला के पुत्र थे एवं भगवान विष्णु के चौथे अवतार थे, इस स्थान पर रहकर तप किया था। उन्हीं के नाम पर यहाँ के पर्वतों का नाम नर-नारायण पड़ा।

"नर-नारायण की तपस्या से इंद्र विचलित हो गए थे और उन्होंने ऋषियों का तप भंग करने के लिए अप्सराएँ भेजीं। इससे नारायण क्रोधित हो गए और उन्होंने अप्सराओं को शाप देना चाहा, परंतु नर ने नारायण को शांत किया। नारायण ने उर्वशी उत्पन्न की और इंद्र की सेवा में भेज दी। अप्सराओं ने नारायण के सम्मुख विवाह का प्रस्ताव रखा, तो नारायण ने उन्हें अगले जन्म में विवाह करने का वचन दिया। नर-नारायण ही अगले जन्म में अर्जुन और कृष्ण हुए।

" 'बदरी' शब्द का अर्थ बेर है। पहले यहाँ बेर के बहुत वृक्ष थे। नारद मुनि ने भी यहाँ तप किया था। महाभारत युद्धोपरांत पांडवों ने इस क्षेत्र से ही स्वर्गारोहण किया। श्रीकृष्ण के प्रिय सखा उद्धवजी ने भी यहाँ तप किया। ईसा पूर्व दूसरी शताब्दी में बादरायण ने इसी स्थान पर रहकर 'ब्रह्म-सूत्र' रचा। अलकनंदा के किनारे गौड़पाद शिला है। आठवीं शताब्दी में गौड़पाद ने 'मांडूक्य कारिका' इसी शिला पर बैठकर लिखी थी। कहा जाता है कि बद्रीनाथजी की मूर्ति को बौद्धकाल में बौद्ध लोगों ने अलकनंदा में डाल दिया था। बाद में शंकराचार्य ने इस मूर्ति को नारद कुंड से निकालकर तप्त कुंड के पास गरुड़ कोटि गुफा में स्थापित किया।

"पुराणों में वर्णन है कि अरुंधती के पूछने पर महर्षि वशिष्ठ ने

बद्रिकाश्रम के बारे में बताया—श्रीबद्रीनारायण के दर्शन करने से अति साधारण व्यक्ति भी मुक्त हो जाता है। जिसने कई जन्मों तक आराधना की हो, उसे ही बद्रीनारायण भगवान के दर्शन होते हैं। बद्रीनारायण विष्णु भगवान ही हैं, जो सर्वकल्याणकारक देवता हैं।''

तब रवींद्र ने पूछा—''बाबा, यहाँ श्री बद्रीनाथ मंदिर के अतिरिक्त और कौन-कौन से दर्शनीय स्थल या तीर्थ हैं ?''

उन्होंने उत्तर में कहा—''सबसे पहले तो 'तप्त कुंड' है। मंदिर के नीचे अलकनंदा के तट पर गर्म जल का कुंड है, वही तप्त कुंड है। उसके पास ही 'प्रह्लाद धारा' है। फिर 'कर्मधारा' है। अलकनंदा के किनारे की शिलाओं के मध्य 'नारद कुंड' है। उसके पड़ोस में ही 'ब्रह्म कुंड', 'गौरी कुंड' और 'सूर्य कुंड' हैं।

'' 'तप्त कुंड' के ऊपर 'नारद शिला', 'वाराह शिला', 'नृसिंह शिला', 'गरुड़ शिला', 'मार्कंडेय शिला'—नामक ये पंच शिलाएँ हैं।

''मंदिर से थोड़ी दूर 'ब्रह्मकपाल' है। ब्रह्माजी अपनी पुत्री पर आसक्त हो गए थे, तो शिवजी ने उनका एक सिर काट दिया था। पहले ब्रह्मा के पाँच मुख थे। वह कटा सिर शिव के हाथ से चिपक गया था और ब्रह्मकपाल में आकर छूटा। इसी से इस स्थान का यह नाम पड़ा है। यहाँ पर पितरों की मुक्ति के लिए पिंडदान किया जाता है। यहाँ पिंडदान करने से श्राद्ध नहीं करना पड़ता।

'' 'वसुधारा' नामक स्थान है, जहाँ चार हजार फुट की ऊँचाई से पानी गिरता है।

''माणा गाँव के पास बद्रीनाथजी की माता श्रीमूर्ति देवी का मंदिर है।

''नर पर्वत पर 'शेष नेत्र' है। वहाँ एक शिला में शेषजी की आँखें स्पष्ट दिखाई देती हैं। 'चरण पादुका' नामक स्थान पर बद्रीनाथजी की चरण-पादुका के चिह्न हैं। यह बहुत सुंदर स्थान है। 'सतोपंथ' नामक सरोवर है, जो 14440 फुट की ऊँचाई पर है। अलकनंदा का उद्गम स्थल 'अलकापुरी' है।

माणा गाँव में 'केशव प्रयाग' है। वहाँ अलकनंदा और सरस्वती नदी का संगम है। माणा गाँव में ही 'गणेश' और 'व्यास' गुफाएँ हैं। 'भीम शिला' है। सरस्वती के तट पर ही व्यासजी ने 'श्रीमद्भागवत् ग्रंथ' की रचना की थी। अष्टादश पुराण भी यहीं रचे गए थे। माणा गाँव से थोड़ी दूरी पर

'मुचकुंद गुफा' है।"

मैंने कहा—"बाबा, मैं यहाँ तीसरी दफा आया हूँ। यह सब स्थान मेरे पहले ही देखे हुए हैं। सन् 1987 में मैंने गुरु का पिंडदान और तर्पण ब्रह्मकपाल आकर ही किया था। एक-एक पंडा चालीस-पचास लोगों से पिंडदान एक साथ करवा देता है।"

वे मुसकराए और बोले—"तो फिर मुझे क्यों इतना बुलवाया, तुम्हीं रवींद्र को बता देते।"

मैंने कहा—"लेकिन आपने जिस तरह इन स्थानों का वर्णन एक के बाद एक किया, मैं उस तरह नहीं बता सकता था।"

वकील बाबा मुसकराए और बोले—"अब तुम लोग सो जाओ। रात बहुत हो चुकी है। कितने दिन के लिए आए हो ?"

मैंने जवाब दिया—"बाबा, दो-तीन दिन तो रुकेंगे ही।"

उन्होंने कहा—"अच्छा।" और करवट फेर ली। मैं और रवींद्र भी सोने का उपक्रम करने लगे।

सुबह पाँच बजे वकील बाबा उठे, मेरी आँखें भी खुल गईं। वकील बाबा ने चाय बनाई। स्वयं पी और मुझे पिलाई। मैं शौच आदि नित्य कर्म से निवृत्त हुआ। वकील बाबा ने मुझे 'बाबा काली कमली वाले' की पंचायती क्षेत्र की धर्मशाला में यह कहकर भेजा—'मैनेजर से मिलना ओर कहना कि कमरा लेना है। मेरा नाम लेना और कहना कि मैंने भेजा है। वह अवश्य कमरा देगा।'

हम यानी मैं और रवींद्र 'तप्त कुंड' में स्नान कर धर्मशाला पहुँच गए। मैनेजर से मिले। उसने कहा—"तुम वकील बाबा के मेहमान हो, कमरा मिल जाएगा। लेकिन दस बजे आना।"

मैनेजर से मिलने के पश्चात् हम एक रेस्टोरेंट में नाश्ते के लिए बैठ गए।

रेस्टोरेंट के निकट संतोषी माँ हरिद्वार वाली भागवत कथा बाँच रही थीं। हम भी वहाँ कुछ देर के लिए बैठ गए। वहाँ पर पहले तो दस-पंद्रह पुरुष-स्त्रियों ने संतोषी माँ की आरती उतारी। फिर थोड़ी देर भजन-कीर्तन हुए, तब संतोषी माता ने लगभग नौ बजे बजे कथा कहनी प्रारंभ की। यह

व्यक्तित्व पूजा का अच्छा उदाहरण हमें देखने को मिला।

संतोषी माँ हरिद्वार की रहनेवाली हैं। रंग गोरा, व्यक्तित्व आकर्षक, उम्र लगभग चालीस वर्ष एवं आवाज़ में मधुरता है। भागवत-पुराण देखकर कथा बाँच रही थीं। बीच-बीच में कोई किस्सा सुना देती थीं। लगभग एक घंटे तक हमने कथा सुनी, फिर हम बाबा काली कमली वाले की धर्मशाला में गए।

तीन नंबर कमरा हमें मिल गया। मैंने एक सौ एक रुपए की रसीद कटा ली। कमरे में पलंग अथवा खाट नहीं थी। रजाई और गद्दे लिये और दो-तीन घंटे कमरे में आराम करते हुए लेटे रहे। डायरी भी लिखी।

सायं पाँच बजे हम वकील बाबा से मिलने गए। वकील बाबा कुटिया का दरवाजा बंद कर ही रहे थे कि हम वहाँ पहुँच गए। उन्हें बाजार से मिट्टी का तेल लाना था। मैंने रवींद्र को भेजकर तेल मँगा दिया।

हम लोग बैठे हुए थे कि बद्रीनाथ का एक पंडा, जिसका नाम रमेश था, वहाँ आ गया और वकील बाबा से बोला—''बाबा, यह जो राँड (संतोषी माँ) कथा कर रही है, उसे तो कुछ भी नहीं आता। संस्कृत का एक श्लोक भी नहीं बोलती। कुछ सेठों को वश में कर रखा है, इसी से कथा हो रही है। ऐसी राँडें जब कथा कहेंगी, तो बद्रीनाथ डूब ही जाएगा।''

वकील बाबा ने कहा—''हमारे शास्त्र किसी स्त्री को व्यास-गद्दी पर बैठने की इजाजत नहीं देते हैं।'' मुझे लगा, वैदिक धर्म अभी भी मनुवादी व्यवस्था पर ही चल रहा है।

वकील बाबा ने कुटिया का ताला लगाया और हम चारों व्यक्ति रमेश पंडे के घर पहुँच गए। मार्ग में अनेक व्यक्तियों ने वकील बाबा को प्रणाम किया था, इसी से मुझे यह पता चला कि वकील बाबा का अच्छा आदर-सम्मान वहाँ के समाज में है। रास्ते में बद्रीनाथ मंदिर पड़ा था, हमने बाहर से ही बद्रीनाथ देव को प्रणाम कर लिया।

रमेश सिंधियों का पंडा है। उसका मकान दो मंजिल वाला है। मकान में चौदह-पंद्रह कमरे हैं, जो यात्रियों से भरे थे। यहाँ इस बात का उल्लेख कर देना भी मैं अनिवार्य समझता हूँ कि बद्रीनाथ-तीर्थ में होटल, धर्मशाला इत्यादि के अतिरिक्त पंडों के यहाँ रुकने की प्रथा है।

रमेश पंडे ने लॉन में कुर्सियाँ बिछवाकर हमें बिठाया। वकील बाबा और मैं तो बैठ गए थे, लेकिन रवींद्र नहीं बैठा था। तब रमेश पंडे ने अनुरोध

किया—"आप लोग अतिथि हैं, अतिथि देवता-समान होता है। आप नहीं बैठेंगे, तो हमें भी उठकर खड़े होना पड़ेगा।" इस पर हम सब हँस पड़े, रवींद्र झेंपकर बैठ गया। वहाँ हमने पापड़ के साथ कॉफी पी। सायं छः बजे हम फिर लौटकर वकील बाबा की कुटिया पर आ गए। वकील बाबा सायंकाल की पूजा की तैयारी करने लगे।

"बाबा, मैं आपके समक्ष साधना में बैठना चाहता हूँ। आप मुझे कुछ अलग अनुभव कराइए।"

वकील बाबा दस मिनट तक संस्कृत श्लोकों से पूजा करते रहे। कुंडलिनी शक्ति में हरकत शुरू हो गई। लेकिन मैं दबाए रहा कि जब तक गुरुजी नहीं कहते, मैं साधना नहीं करूँगा। आखिर शक्ति को दबाना मुश्किल हो गया। मेरा चेहरा लाल पड़ गया।

पूजा समाप्त कर वकील बाबा उठे और मुझसे बोले—"तुम्हारी योगमाया कमरे के अंदर आ गई हैं। वह विकराल रूप धारण करनेवाली हैं।"

"गुरुजी, मुझमें क्या चल रहा है, यह आपको कैसे पता चल जाता है ? आप तो पीठ फेरकर पूजा कर रहे थे।"

वे बोले—"मुझे सब पता चल जाता है। आखिर गुरु हूँ।"

"तो मैं बैठूँ साधना में ?"

उन्होंने कहा—"अभी कुछ देर रुको। कुछ लोग आनेवाले हैं। उससे तुम्हें व्यवधान होगा।"

कुछ देर बाद एक बल्लभ संप्रदाय का साधु वकील बाबा के पास मिलने आया। वह रामचरितमानस का नित्य पाठ करता था। बाबा ने उसे निकट की एक कुटी में ठहराया। बाबा के कहने पर रवींद्र एक पाव लड्डू और चार समोसे उन्हें देकर कह आया कि 'बाबा की कुटी में न आएँ। बाबा पूजा करवा रहे हैं।'

मैं साधना में बैठ गया। उन्होंने मेरे मस्तक पर हाथ रखा। शरीर में कंपन हो रहा था। धीरे-धीरे उन्होंने अपनी दो उँगलियाँ मेरे मस्तक के इर्द-गिर्द कसीं। मेरी साँसें अस्थिर हो गईं और मुझे बेहद गर्मी महसूस होने लगी।

उन्होंने मुझसे पूछा—"तुम देवी हो ?"

"नहीं।"

उन्होंने पूछा–"तो देवता हो ?"

"नहीं।"

फिर उन्होंने पूछा–"तो तुम कौन हो ?"

मैं बोला–"अवचेतन मन की वह ब्रह्मांडव्यापी शक्ति हूँ, जिससे समस्त सौरमंडल ऊर्जा ग्रहण करता है।"

वे बोले–"दिल्ली में एक व्यास की पत्नी के प्रेत लगा है, उसे दूर कर दो।"

मैंने कहा–"तंत्र-मंत्र तुम्हीं करो। मुझे इन व्यर्थ बातों में उलझाकर नष्ट करने की कोशिश मत करो।"

उन्होंने कहा–"तो तुम इससे क्या चाहती हो ?"

"मैं इससे भारतीय धर्म-संस्कृति के स्रोत वेद-उपनिषद-पुराण नए संदर्भों में लिखवाऊँगी। हमारा जो ज्ञान समय की गर्त में लुप्त हो गया है, यह उस ज्ञान को खोजेगा। समयानुसार उसमें परिवर्तन करके एक नया रूप देगा।"

उन्होंने पूछा–"और मैं कौन हूँ ?"

"तुम देवताओं के गुरु बृहस्पति हो, जिनकी यह पिछले बीस वर्षों से खोज कर रहा है। अब तुम इसे आशीर्वाद दो। इसे बहलाने-फुसलाने की कोशिश नहीं करना, इसका गुरु भूत-प्रेत-सट्टे इत्यादि में नष्ट हो गया। मैं इसे नष्ट नहीं होने दूँगी।"

गुरुजी ने कहा–"धन्य हो ! धन्य हो !"

फिर गुरुजी ने मुझे आशीर्वाद प्रदान कर साधना से उठा लिया।

साधना के ये अनुभव मेरे एवं वकील बाबा के लिए नितांत नए थे। थोड़ी देर तक मौन बैठे रहने के बाद हम वहाँ से उठकर चले आए। रास्ते में खाना खा लिया और अपने कमरे में आकर सो गए। उस रात के बाद मुझे फिर कभी वह स्वप्न नहीं दिखाई दिया, जिसे मैं बचपन में देखता आया था। बद्रीनाथ की यात्रा के समय उस स्थान के दर्शन करके मानो मेरा अतृप्त अवेचतन मन शांत हो गया था।

12

सिद्ध क्षेत्र बद्रीनाथ से वापसी

बाबा काली कमली पंचायती क्षेत्र की धर्मशाला में हम सुबह 7 बजे उठ गए। यह धर्मशाला बद्रीनाथ मंदिर की बगल में कुछ ऊँचाई पर स्थित है। पहली मंजिल में हम रुके थे जहाँ पर दो शौचालय थे। एक शौचालय बंद था, स्नान-गृह भी बंद था।

सारे यात्री एक ही शौचालय से निवृत्त होकर हाथ-मुँह धोने के लिए ऊपर की मंजिल पर जा रहे थे। हम भी ऊपर गए। टूथपेस्ट करते समय हमने देखा कि 3-4 जवान लड़कियाँ नल के पास आ गई थीं। वे यहाँ की मूल निवासी लगती थीं। रंग गोरा, कद छोटा, नाक सुतवाँ तथा वेशभूषा साधारण थी। आकर कपड़े धोने लगीं व आपस में हमें देखकर अश्लील मजाक करने लगीं। फिल्मी गाना गुनगुनाते हुए उन्होंने कामुक दृष्टि से हमारी ओर देखा। मैंने उनकी ओर गौर से देखा, वह मुसकरा रही थीं। अंतर्मन तक मेरे शरीर में फुरफुरी भर गई। लगा, ये मेरी परीक्षा ले रही हैं। 10-12 दिन से मैं भी अपनी पत्नी सरिता से अलग रहा था। काम तो भावना के अनुरूप पैदा होना प्रकृति की देन है। ऐसे ही ऑस्ट्रिया की युवती ललिता बस में जब मुझसे सटकर बैठी बतिया रही थी, शरीर रोमांचित हुआ था। गैरिक वस्त्रों ने मेरे विवेक को जगाया, लोक-लज्जा का भय मन ने जगाया, उद्देश्य ने मेरी आँखों से काम के पर्दे को तार-तार कर दिया। होश में आकर मैं उस लड़की के पास आया, कहा—बहिन, चाय की दुकान कहाँ है ? उस लड़की ने नजर नीचे करके कहा—सामने है। वे सब लड़कियाँ चली गईं। इस तरह से काम का मैंने दूसरी ओर राम में रूपांतरण करने की कला सीखी। फ्रायड ने कहा कि **'मनुष्य को स्वतंत्रता दे दो तो वह जंगली जानवर जैसा हो जाता है, यदि दमन किया जाए तो दुख होता है।'**

अतः दोनों अतियाँ दुखद हैं। साम्यावस्था ही योग है। योग से काम की स्वतंत्रता भी नहीं, दमन भी नहीं बल्कि रूपांतर। अपने को बदलना ही तो मेरी यात्रा का उद्देश्य था।

एक नई अनुभूति लेकर हम अपने कमरे में आ गए। रवींद्र ने कहा, चलो बद्रीनाथ व माणा घूम आएँ। हमने नहाने के कपड़े लिये। बाहर दुकान पर चाय पी व गर्म कुंड में स्नान करने के लिए पहुँच गए। यह कुंड बद्रीनाथ के मंदिर के बाएँ व अलकनंदा नदी के ऊपर है। दो कुंड बने हैं जहाँ पर गर्म पानी था। हिम-पहाड़ों के बीच अधिकतर जहाँ तीर्थों का विकास हुआ है ऐसे कुंड गर्म पानी के होते हैं। कारण, पहाड़ों में ही एक-दो पहाड़ गंधक-युक्त होते हैं। गंधक के प्रभाव से ठंडा पानी गर्म होकर निकलता है। यमुनोत्री, गंगनानी, गौरीकुंड व बद्रीनाथ सभी जगह गर्म पानी के कुंड हैं। इनमें शुरू में तो जल काफी गर्म महसूस होता है। नहाने व डुबकी लगाने से शरीर चुस्त-स्फूर्त हो जाता है।

गर्म कुंड में सैकड़ों स्त्री, पुरुष, बच्चे स्नान कर रहे थे। कुंड के बाहर गर्म जल के जाने व निकालने की नालियाँ बनी थीं जहाँ पर टोंटी लगी थी। हमने टोंटी के सहारे स्नान करने का निश्चय किया। क्योंकि हम सरसों के तेल व साबुन द्वारा स्नान करना चाहते थे। स्नान से निवृत्त होकर रवींद्र कमरे में गीले वस्त्र रखने चला गया था, मैं मंदिर के बाहर चबूतरे पर बैठ गया।

गर्म या तप्त कुंड के ऊपर ही नारद शिला, गरुड़ शिला और मार्कंडेय शिला हैं। एक पंडे ने बताया कि 'जो यात्री केदारनाथ नहीं जा पाते वे प्रथम इन शिलाओं के दर्शन करते हैं। बाद में बद्रीनाथ मंदिर में जाते हैं। पंडों द्वारा यात्रियों को यह छूट मिलने से, यात्रीगण केदारनाथ न जाने की निराशा व पाप से अपने को बचा लेते हैं।

चार-पाँच पंडे मंदिर की सीढ़ियों से यात्रियों को एक तरफ कर रहे थे। क्योंकि बद्रीनाथ मंदिर के मुख्य पुजारी शनील की छतरी के नीचे आ रहे थे। मुख्य पुजारी रावल (नंबूदरी ब्राह्मण) युवा, उम्र करीब पैंतीस वर्ष, गोरा रंग, आकर्षक व्यक्तित्व, शरीर पर हल्के लाल रंग की पोशाक पहने थे। मेरी उत्सुकता ज्यादा हो गई थी। यहाँ के पंडों से पूरा इतिहास जानना चाहता था लेकिन असफल ही रहा। अधिकतर पंडे दान-दक्षिणा, पूजा या बद्रीनाथ माहात्म्य की बात करते थे। मैं बद्रीनाथ को समग्र जानना चाहता था।

एक साधु ने 'श्री प्रभुदत्त ब्रह्मचारी' की किताब 'बद्रीनाथ दर्शन' मुझे दी। बोले, लेखक ने 1942 में बद्रीनाथ की यात्रा पैदल की थी जिसमें विस्तृत रूप में बद्रीनाथ मंदिर का इतिहास कुछ प्रामाणिक लिखा है। पाठक भी इस किताब को पढ़कर विस्तृत तरीके से जान सकते हैं। साधु बोले—''बद्रीनाथ का आधार कुछ पुराण, जनश्रुतियाँ तथा प्राकृतिक सौंदर्य है। पुराणों में एक घटना को अलग-अलग तरीके से बताया गया है। घटना कब हुई, यह नहीं लिखा है। चूँकि पुराण सिर्फ श्रद्धा पर आधारित हैं, उनमें लिखी घटना कल्पना है या सत्य, कहा नहीं जा सकता। विदेशी सभ्यता ने क्रमबद्ध घटना को, जो समयानुसार वर्णित की हुई हो, सत्य मानकर उसे ही इतिहास कहा है। बद्रीनाथ, अलकनंदा घंटाकर्ण व आसपास के तीर्थों की महत्ता व सत्यता हिंदुओं के लिए मुख्यतया पुराणों के अनुसार है। स्कंद पुराण के वैष्णव खंड में बद्रीकाश्रम के तीर्थों का यथाक्रम वर्णन है। श्रीमद्‌भागवत, देवी भागवत, वायुपुराण, वामन पुराण, कूर्म पुराण, नारद पुराण, ब्रह्म वैवर्त्त पुराण, वराह पुराण में बद्रीनाथ व केदारनाथ का वर्णन है। महभारत के वन पर्व में स्थान-स्थान पर बदरी वन की पवित्रता और महत्ता का उल्लेख आता है। नारायण देव का आश्रम कृष्ण गंगा व शीतल गंगा के पवित्र स्थान में है जहाँ पर देवता, यज्ञ, ऋषि, मुनि सदा वास करते हैं।

''जनश्रुति के अनुसार आदिगुरु शंकराचार्य ने जो केरल, दक्षिण भारत के रहनेवाले नंबदूरी ब्राह्मण थे, 32-33 वर्ष की आयु में बौद्ध धर्म को ध्वस्त कर वैदिक धर्म का साम्राज्य भारत के चारों कोनों में स्थापित किया। वैदिक धर्म के कर्म, मूर्ति, यज्ञ, ब्राह्मणत्व, वर्णाश्रम प्रथा को उन्होंने पुनः जीवित किया। उन्होंने चार मठ बनाए। उत्तर में वह बद्रीनाथ आए, यहाँ के जैन, बौद्ध राजाओं को वैदिक धर्म में दीक्षित किया व प्रतीक रूप में नंबूदरी ब्राह्मण के अधीन यहाँ की व्यवस्था स्थापित कर दी। आज तक मठ की वही परंपरा चली आ रही है। लकिन मठ की यह परंपरा विक्रमीय संवत् 1500 से 1833 तक ही मिलती है जिसमें 21 मठाधीश हुए हैं।''

मैंने कहा कि संवत् 1500 से ही यह तीर्थ अस्तित्व में आया होगा। वे बोले, कुछ निश्चित नहीं कहा जा सकता। इतिहासकारों ने तो सातवीं या आठवीं शताब्दी में शंकराचार्य का होना निश्चित किया है।

शंकराचार्य ने अपने मत को स्थापित करने के लिए साम, दाम, दंड, भेद

का सहारा लिया। हम आज भी प्रकृति के अमृत स्वरूप उपवन को अपने मतानुसार व स्वार्थानुसार पूजकर धन्य समझ रहे हैं। क्या ईश्वर व प्रकृति किसी धर्म के दास हैं ? साधु ने आगे कहा, पांडुकेश्वर के मंदिर में चार ताम्रपत्र आज भी रखे हैं जिनके अक्षर पाली व संस्कृत में हैं। वैदिक ब्राह्मण संस्कृत की उन्नति के लिए प्रतिबद्ध थे। अतः पाली व संस्कृत में लिखे होने के कारण बौद्धकाल में लिखे गए होंगे। इसके अतिरिक्त सब ताम्रपत्रों में प्रवर्द्धमान विजयपुर संवत्सर आता है। इससे विक्रम संवत् का या तो जन्म नहीं हुआ होगा या अधिक प्रसार नहीं था। दूसरे, शारदा मठ में विक्रम संवत् का उल्लेख पाया जाता है। जैसे हिंदू आर्य भी ईसा के संवत् का अधिक प्रचलन होने से व्यवहार करते हैं उसी तरह उन दिनों प्रवर्द्धमान संवत् का प्रचार अधिक होगा। जैनियों के महावीर प्रवर्द्धमान कहलाते हैं, अतः वे लोग जैन होंगे। इसलिए बौद्ध व जैन जब उन्नत अवस्था में थे तथा विक्रमी संवत् का प्रचलन नहीं हुआ था, उस समय ही बद्रीनाथ के मंदिर की पुनर्प्रतिष्ठा हो गई थी। शायद पहले बौद्ध धर्म के अनुयायी बुद्ध के रूप में व जैन धर्म के महावीर रूप में इस मूर्ति की पूजा करते हों। बाद में शंकराचार्य ने इस मूर्ति को ही विष्णु रूप में पूजने का प्रचलन किया हो। माणा के भोटिया लोग अभी भी इसे बुद्ध की प्रतिमा मानते हैं। 1942 में श्री प्रभुदत्त ब्रह्मचारी ने लिखा है कि जैन अनुयायी बद्री विशाल मूर्ति की पूजा महावीर मानकर करते थे। मेरे मस्तिष्क में कल्पना उठी कि बद्रीनाथ धाम क्यों नहीं हिंदू, बौद्ध, जैन का प्रतीक स्थल बनकर उभरे। पूर्वकाल में यह इन तीनों का उपासना स्थल था। लेकिन फिर पंडों के स्वार्थ तथा धर्म की श्रेष्ठता कहाँ जाएगी ? धर्म को तो पहले से ही आज तक धर्मगुरुओं ने अपने स्वार्थ का साधन बना रखा है। यह सोच असंभव ही लगी।

वर्तमान मंदिर गढ़वाल नरेश ने पंद्रहवीं शताब्दी में निर्मित कराया था। मंदिर बन जाने के अनंतर इंदौर की महारानी अहल्याबाई के धन से तथा गढ़वाल नरेश के प्रबंध से स्वर्ण की छतरी बनवाई गई। समय-समय पर अनेक परिवर्तन यहाँ होते रहे हैं। टिहरी राजा ने यहाँ के प्रबंध के लिए सैकड़ों गाँव दान में दिए थे। संवत् 1833 से इस पीठ में कोई शंकराचार्य न रहा। तब से पूजा का अधिकार रावलों के हाथ में आया जो आज तक चल रहा है। रावल शब्द राजा का पर्यायवाची शब्द है। आचार्य के स्थान पर रावल

पूजा के अधिकारी बन गए हैं। इसका कारण है कि संवत् 1833 में गढ़वाल नरेश महाराज प्रदीप शाह तीर्थयात्रा के लिए जगन्नाथपुरी पधारे थे। उस समय बद्रीनाथ के मुख्य पुजारी आचार्य रामकृष्ण स्वामी का देहांत हो चुका था। दैवयोग से दूसरा संन्यासी न था। बद्री विशाल की पूजा का संकट था। उस समय गोपाल रसोईया बद्रीविशाल में नंबूदरी ब्राह्मण था। उसे ही राजा ने रावल की पदवी देकर छत्र-चँवर दिए। बद्रीनाथ की संपत्ति का प्रबंधक मानकर उसे सुवर्ण दंड, सुवर्ण किंकर और राजसी वेशभूषा से अलंकृत किया गया। तभी से यहाँ के मुख्य पुजारी रावल कहलाए। सन् 1939 में बद्रीनाथ मंदिर समिति बनी थी। पहले रावल ही बद्रीनाथ मंदिर का सर्वेसर्वा था। इस समिति के होने से अब सभी पुरानी व्यवस्थाएँ रद्द कर दी गईं। अब रावल की स्थिति एक वेतनभोगी पुजारी के समान है। बाद में बद्रीनाथ-केदारनाथ मंदिर समिति बनाई गई। अब यह समिति ही संपूर्ण देखभाल की जिम्मेदार है। तीसरा आकर्षण यहाँ का प्राकृतिक सौंदर्य है।

गढ़वाल हिमालय के तीर्थस्थलों की नैसर्गिक छटाओं से प्रभावित होकर 19वीं शताब्दी में पी. बेरन ने, जिसने अपना नाम 'द पिलग्रिम' रख लिया था, सबसे पहले यहाँ की सुंदरता को दूर-दूर तक आगरा से प्रकाशित पत्र द्वारा पहुँचाया। इसके अद्वितीय प्राकृतिक वैभव को देखकर विश्व पर्यटक स्किन्नर ने लिखा है—"हिमालय के इस क्षेत्र की यात्रा करने के पश्चात् मैं इस निश्चय पर पहुँचा हूँ कि हिमालय की गोद साक्षात् भू-स्वर्ग है। चारों तरफ हिमाच्छादित पर्वतमाला, गर्म पानी के कुंड, झरझर करते बहते झरने व कलकल करती अलकनंदा यहाँ पर आए तीर्थयात्रियों व पर्यटकों का मन मोह लेते हैं। यहाँ आकर नर नारायण बन जाता है, अतः इसे नर-नारायण क्षेत्र कहा गया है।

यह तपस्थली है। नर, नारायण, नारद, गरुड़, सनकादिक मुनि यहाँ पर तप करके ही पूजनीय बने हैं। व्यास ने यहाँ पर ही योग ध्यान द्वारा चारों वेदों व महाभारत की रचना की थी। एक व्याख्या के अनुसार बदरी में तीन अक्षर हैं। 'ब' शब्द शिव का वाचक है। 'दरी' शब्द गुफा का—वह गुफा जहाँ शिव विद्यमान हो। यह गुफा प्रत्येक मानव के भ्रूमध्य में है। इस पर ध्यान एकाग्र करने से सिद्ध तथा परमात्मा के दर्शन होते हैं। भ्रूमध्य ध्यान शीघ्र सफलता से जिस स्थान पर होता है वही सिद्धपीठ कहलाता है। 'विशाल' चूँकि ऋषियों तथा देवताओं की बस्ती है, अतः सर्वोत्तम सिद्ध पीठ है।

शिवस्थान ध्यान से जब खुल जाता है तो अमृत स्राव होकर बहने लगता है। बाद में ब्रह्मत्व बोध प्राप्त हो जाता है। मूलतः यह शिव का ही क्षेत्र था, कालांतर में विष्णु का हुआ ऐसी मान्यता यहाँ है। प्राकृतिक सौंदर्य के कारण आज बद्रीनाथ क्षेत्र विश्वप्रसिद्ध है।

बद्रीनाथ के इतिहास व प्रसिद्धि को जानकर हम घूमने के लिए चल दिए। अलकनंदा के पुल पर पहुँचकर हम खड़े हो गए। नीचे अलकनंदा तीव्र वेग से बह रही थी। पुराणों में विष्णुपदी गंगा अलकनंदा को बताया है। तप्त कुंड का गर्म भापयुक्त जल अलकनंदा में गिर रहा था। हमारे पास दो सरदार भी खड़े थे। उन्हें देखकर अनायास मुझे लगा कि ये हेमकुंड साहिब गुरुद्वारे की यात्रा करके आए होंगे। 1987 में बद्रीधाम गें सैकड़ों सरदारों को मैंने देखा था। आज सिर्फ दो-चार ही दिखाई दे रहे थे। मैंने परिचय पूछा तो बोले, हम पंजाब के लुधियाना शहर से हेमकुंड साहिब के दर्शन करने आए हैं। बद्रीनाथ चूँकि समीप है तो यहाँ भी आ गए। बोले 99% सरदार हेमकुंड साहिब गुरुद्वारे के दर्शन करके वापस चले जाते हैं। मैंने कहा, क्यों ? बोले जैसे वेदांत धर्म के माननेवाले बद्रीनाथ दर्शन करके, हेमकुंड नहीं जाते ऐसी ही भावना सरदारों में है। उनकी बात सच ही थी। मैं भी तो बद्रीनाथ तीन बार आ चुका हूँ लेकिन हेमकुंड साहिब नहीं गया। जबकि गुरुद्वारा 14300 फुट की ऊँचाई पर है। वहाँ पर प्रकृति ने अपना अनुपम सौंदर्य प्रदान किया है। विश्वप्रसिद्ध फूलों की घाटी व लोकपाल का मंदिर भी वहीं पर है। मैं सोच में पड़ गया। लगा, **संस्कार बीज रूप में जन्म से ही मन पर जम जाते हैं। मान्यताएँ, धर्म, जो हम अपना लेते हैं उन्हें ही हम वास्तव में संतुष्ट करते रहते हैं। कितना भी कोई विशाल हृदय क्यों न हो, अदृश्य मन पर जमे संस्कार हमें दूसरे संप्रदाय या धर्म पर विश्वास करने से मना करते हैं। इसी कारण दूसरे के रीति-रिवाज, मान्यताएँ, तीर्थ, खान-पान को हम ग्रहण नहीं कर पाते।**

बद्रीनाथ में मुझे कोई जैन या बौद्ध साधु नहीं दिखा। चूँकि आज बद्रीनाथ की पूजा वैदिक रीति से होती है, वैदिक मतावलंबी ही यहाँ आते हैं, अतः दूसरे धर्म के अनुयायियों ने यहाँ आना बंद कर दिया है। हम सर्वधर्म समन्वय की बात तो करते हैं, लेकिन क्रियान्वित करने की बात जब आती है तो अलग हट जाते हैं। क्या बद्रीनाथ में जैन, वेदांती, बौद्ध तथा सिख धर्मों का समन्वय नहीं हो सकता ? इतिहास को देखने से पता चलता है कि पहले

मूर्ति को जैन, बौद्ध, वेदांती सब पूजा करते थे। क्या सिख धर्म के प्रतीक हेमकुंड गुरुद्वारों में हम नहीं जा सकते ? इसके लिए जागरूक लोगों की व ऐसे साहित्य की आवश्यकता है जिसमें समन्वय की भावना प्रबल हो। धर्मभीरु लोगों को बताया जाए कि बद्रीनाथ प्रतीक है महावीर, बुद्ध, नानक एवं नारायण का। जो भी नर-नारी यहाँ सच्चे मन व श्रद्धा के साथ आता है वह नर से नारायण, बुद्ध, महावीर व नानक हो सकता है। मैंने सारे भारत के तीर्थों के दर्शन किए लेकिन बद्रीनाथ ही ऐसी जगह है, जहाँ अखंड भारत व सनातन धर्म का रूप मुझे महसूस हुआ था। जैसे बौद्ध, हिंदू, मुसलमान और ईसाई तीर्थयात्री आज भी श्रीलंका में आदम चोटी पर चढ़ते हैं ताकि बुद्ध, शिव, आदम या सेंट थामस का आशीर्वाद प्राप्त कर सकें। तीर्थाटन का धार्मिक विश्वास भिन्न हो सकता है लेकिन सभी का मिशन एक है : भौतिक तनाव पर विजय पाना, शांति की खोज, आध्यात्मिक चेतना का विकास। ये सब ऊँचाइयाँ पवित्र नर-नरायण पर्वत व बद्रीनाथ में हैं। देवता मात्र प्रतीक रूप हैं।

पुल पार करके हमने एक ढाबे में अल्पाहार लिया। हमारी मंजिल माणा गाँव थी। बद्रीनाथ से लगभग चार किलोमीटर की दूरी पर भारत के सीमांत क्षेत्र का अंतिम गाँव है माणा। समुद्र तल से इसकी ऊँचाई लगभग 10800 फुट है। यहाँ से ऊपर अलकापुरी (12900 फुट) है। इसी पर्वत से दो धाराएँ अलकनंदा और सरस्वती की निकलती हैं। माणा से 50 किलोमीटर दूर चीन की सीमा है। कैलाश मानसरोवर की यात्रा का आरंभ पहले यहीं से होता था।

माणा घाटी को पौराणिक ग्रंथों में मणिभद्रपुरी कहा जाता था। यहाँ पर लगभग 200 परिवार रहते हैं जिन्हें भोटिया (मारचे) कहा जाता है। ये समस्त लोग वैदिक धर्म को मानते हैं। भोटिया कुछ-कुछ तिब्बती जैसे दिखाई देते हैं। व्यापार भी ये तिब्बत के साथ करते थे। चीन का तिब्बत पर अधिकार होने से इनका व्यापार चौपट हो गया। सरल, सौम्य और परिश्रमी भोटिया जनजाति छह महीने यहाँ रहती है। गरीबी, अशिक्षा तथा बड़ा उद्योग-धंधा न होने से यहाँ के घर टूटे व गंदगी से भरे हैं। कुटीर धंधे के नाम पर कच्ची दारू, ऊनी वस्त्र बनाने का ही कार्य है। घरों में जगह-जगह धान, गेहूँ, जौ से कच्ची शराब बनाने की भट्टियाँ हैं। कुछ में शॉल, कालीन, स्वेटर बनाने की मशीनें हैं। शिक्षा के लिए सरस्वती शिशु मंदिर व 10वीं क्लास तक एक

स्कूल है। बद्रीनाथ से माणा जाते समय जहाँ प्रकृति के दर्शन हो रहे थे वहीं शराब की गंध भी आती रहती थी। एक दुकान में एक लड़की भी शराब बेचती दिखाई दी।

एक बुजुर्ग गोविंद सिंह, उम्र लगभग 75 वर्ष, के पास हम माणा में गए। उन्होंने बताया कि हम राजपूत हैं। बद्रीनाथ शास्त्रों के अनुसार यह केदार खंड शिवजी का वास-स्थान है। हिमालय के पाँच खंड हैं। पहला नेपाल खंड जिसकी सीमा गोरखपुर से आगे मानसरोवर तक है। पशुपतिनाथ यहीं पर हैं। दूसरा खंड कूर्मांचल अर्थात् कुमायूँ है। अल्मोड़ा, नैनीताल और तिब्बत का कुछ हिस्सा इसके अंग हैं। तीसरा खंड पंजाब, हिमाचल प्रदेश तक है। चौथा कश्मीर तथा पाँचवाँ खंड केदार है जिसमें हरिद्वार से लेकर कैलाश-पर्यंत तक का भाग है।

केदार खंड में निश्छल, विर्धत, दलित व सर्वहारा वर्ग के, जिन्हें अनार्य कहा जाता था, लोग ही रहते थे। कर्मकांड, रीति-रिवाज, अंधविश्वास, रूढ़ियाँ, खान-पान के नियंत्रण को न मानकर वे शिव में विश्वास रखते थे। ईश्वर या प्रकृति ने क्या कोई नियम बनाए हैं ? सारे नियम, कर्मकांड व्यक्तियों ने ही बनाए हैं। चूँकि शिव सभी को अपना समझकर खुश होते हैं, इसी कारण सब लोग उन्हें अपना इष्ट समझते हैं। वैदिक कर्मकांडी लोगों ने यहाँ पर आकर मूल निवासियों को परास्त किया। वे लोग मैदान से आए थे। ब्राह्मण तथा राजपूतों का ही यहाँ अब साम्राज्य है। पहले ये ही लोग किरात, हूण, खस, कंक, आंध्र आदि कहलाते थे। घंटाकर्ण भी शिव का एक गण था, जो आज तक बद्रीनाथ का रक्षक कहलाता है।

गोविंद सिंह ने बताया, हम तो कुबेर के वंशज हैं। उन्होंने हमें नमकीन चाय देशी घी डालकर पीने को दी। चाय में दूध नहीं था। बोले—"यह चाय ठंड में राहत देती है तथा रोगों से रक्षा करती है।" शराब के संबंधों में वह बोले—"समय व परिस्थितियों के अनुरूप खान-पान होता है। ठंडे प्रदेशों में शराब तथा मीट शरीर के लिए फायदेमंद हैं।" संसार में 75 प्रतिशत लोग मांस खाते हैं, क्या वे सभी अच्छे व्यक्ति नहीं हैं। सोमरस, जिसे वेदों में कहा गया, क्या लोग नहीं पीते थे ? नशा या भोजन यदि शरीर व आत्मा को कष्ट देता है तो वह गलत है। हम बाहरी कर्मकांडों को नहीं मानते। फिर भी हम सच्चे इनसान हैं। मुझे बाइबिल में ईसा के वचन याद आ गए—"जो कुछ

हम बाहर से ग्रहण करते हैं वह सब मल-मूत्र के साथ बाहर निकल जाता है। अंदर से ईर्ष्या, द्वेष, कपट, लोभ, काम, क्रोध, अहंकार निकलते हैं। उसी की साधना, सच्चे मानव का धर्म है।''

मुझे यहाँ के लोग निर्दोष ही दिखाई दिए। मैंने पूछा—''बाबा, यहाँ कोई सिद्ध, महात्मा, योगी हैं ?'' बोले—''अब दिखाई नहीं देते। सब सूक्ष्म अवस्था में हैं। क्योंकि अब तीर्थाटन करने कौन आता है ? पर्यटक की भाँति ही आते हैं।'' तीर्थाटन में तप, त्याग, परोपकार जैसी श्रेष्ठ प्रवृत्तियाँ रहती हैं। कष्ट झेलकर, निस्वार्थ होकर व्यक्ति प्रभु से मिलन करके आनंदित होता है। जबकि पर्यटक सुविधा, शोषण, स्वार्थ, भोग से ग्रसित होकर सिर्फ दिखावे व अपने क्षणिक सुखों की पूर्ति करता है। चंदन-टीका लगाकर, स्नान कर, प्रभु को प्रसन्न करने की कोशिश में लगा व्यक्ति, ईश्वर व प्रकृति को विभिन्न प्रकार से गंदा ही करता है।

यात्री आज जगह-जगह गंदगी, कूड़ा-करकट फेंककर प्रकृति को प्रदूषित कर रहे हैं। व्यक्ति वृक्ष काटता है, नदियों में मल बहाता है व आपस में भेदभाव करता है। ऐसे व्यक्ति से भगवान या सिद्ध लोग क्या कभी प्रसन्न हो सकते हैं ? कभी नहीं। बोले, ''आगे व्यास गुफा है, तुम्हें शायद कोई दिखाई दे जाए।''

माणा गाँव में ही आगे व्यास गुफा है। इसमें एक पंडित बैठे हुए थे। गुफा में कुछ टूटी मूर्तियाँ व पाली भाषा का शिलालेख है। पंडित ने बताया कि यहाँ पर ही वेदव्यास ने चारों वेदों व महाभारत की रचना की थी। इसके करीब 100 गज पहले गणेश गुफा है। ''वेदव्यास बोलते जाते थे, गणेश नीचे लिखते जाते थे।''

गुफा ज्यादा चौड़ी नहीं थी। लोग आ-जा रहे थे। इस गुफा के ऊपर मुचकुंद गुफा भी है। इन गुफाओं के ऊपर पुस्तकाकार विशाल शिला है। लोगों का विश्वास है कि ये गुफाएँ स्कंध पुराण के अनुरूप ही हैं। यहाँ से सात किलोमीटर ऊपर है लक्ष्मी वन। लक्ष्मी वन से 3 किलोमीटर ऊपर सहस्रधारा है। व्यास गुफा के बराबर में ही पानी की टंकी है जहाँ से बद्रीनाथ के लिए जल जाता है। मैं एकांत की खोज में टंकी के ऊपर समतल पत्थर पर बैठ गया। चारों ओर हिमाच्छादित पर्वतमालाएँ, शीतल वायु ने मुझे ध्यान-अवस्थित कर दिया। मैं परमात्मा से प्रार्थना करने लगा—'हे मालिक !

जिंदगी के एक-एक दिन ऐसे ही व्यतीत हो रहे हैं। मैं अज्ञानी, अहंकारी, तुझसे कैसे मिलूँ।'

आँखों से आँसू टपक रहे थे। लगातार कातर होकर प्रार्थना करता रहा। तभी मेरी भृकुटि के बीच नीले रंग की किरणें आती हुई महसूस हुईं। देखा, एक आँख, काला शरीर, जटा लहराए एक साधु खड़ा मुसकरा रहा है। नीले प्रकाश से आकर्षित मैं उसके साथ ऊबड़-खाबड़ रास्ते पार करता बहता रहा। देखा, चारों ओर सुनहरी सोने जैसी पर्वतमालाओं के बीच मैदान में हजारों सिद्ध लोग ध्यान-मुद्रा में बैठे थे। मेरे आते ही सारे सिद्धों के हाथ आशीर्वाद रूप से उठ गए। ध्यान गहराता जा रहा था। लगा, **ज्योति-ही-ज्योति ! चारों ओर, ऊपर-नीचे प्रकाश-ही-प्रकाश ! न शरीर, न मन, न बुद्धि, न धर्म, न भाषा, न समाज कोई भी बंधन नहीं। बिलकुल स्वच्छंद। कहीं भी जाओ, आनंद-ही-आनंद। प्रकाश का एक प्रवाह। ओर न छोर। कब तक ज्योति बहती रही ? खिंचा जा रहा था, और ज्योतियों के साथ महाज्योति में ! बूँद समुद्र से मिल गई। फिर अनाम अस्तित्व! मैं कहाँ गया, कुछ पता नहीं !**

चेतना आई, साधु बोला—"यह सिद्ध क्षेत्र था। इसके नीचे भूतलोक है।" मेरी चेतना अब ऐसी जगह थी जहाँ कुछ धुँधला, कुछ साफ प्रकाश था। वहाँ पर भी हजारों आत्माएँ थीं, जो बिलकुल शांत दिखाई देती थीं। पूछने पर साधु बोला—"शरीर त्यागने पर सूक्ष्म इंद्रियों, मन, बुद्धि के साथ आत्माएँ यहाँ आती हैं। मंजिल इनकी ऊपर की चढ़ाई ही होती है। चूँकि सूक्ष्म रूप से वासनाएँ यहाँ भी होती हैं, अतः हजारों साल तक भटकाव चलता रहता है। समय आने पर भूतलोक में इनका जन्म होता है। भूतलोक ही कर्मों को काटता है। इसलिए सारे धर्मों व शास्त्रों में भूतलोक के जन्म को ही मुख्य माना जाता है। सिद्ध लोक के बाद ब्रह्मांडव्यापी परम अस्तित्व है। सिद्ध लोक की कुछ आत्माएँ जगत के कल्याण के लिए पृथ्वी लोक के कुछ लोगों का मार्गदर्शन भी देती हैं। तुम्हें विशेष प्रयोजन से ही यहाँ लाया गया है।" उन्होंने आगे कहा—"2010 तक संसार में से कूड़ा-करकट साफ होकर उन्नत मानव जाति का विकास होगा ! तुम्हें भी इसके लिए माध्यम बनाया गया है।" आँख खुलने पर मुझे लगा, गूढ़ रहस्यों की जानकारी के उद्देश्य से यात्रा करने आया था। मन शांत व आनंदित था, वह खालीपन, दिव्य समाधि द्वारा लबालब भर गया था।

हम वहाँ से उठकर सरस्वती नदी के दर्शन को गए। ज्ञानवर्द्धक सरस्वती नदी की सफेद धार अपने उद्गम से निकलकर अनेक पहाड़ों व वृक्षों में से होती हुई ऊँचाई से गिरती है। पुल भी बना है। वहीं से स्वर्गारोहण, सतपथ व वासुकि ताल को रास्ता जाता है। सरस्वती का कुछ आगे अलकनंदा से संगम होता है। उसे ही केशव प्रयाग कहा गया है। यहाँ पर मातामूर्ति का छोटा मंदिर है।

मौसम खराब होकर हल्की वर्षा होने लगी। हमने जल्दी-जल्दी बद्रीनाथ की ओर चलना शुरू किया। बारिश की फुहार भी सुख का आभास करा रही थी। रास्ते में बारिश तेज हो गई थी। हम एक ढाबे में रुक गए। कुछ फौजी बैठे थे, उन्होंने हमें चाय पिलाई। बोले—स्वामीजी, माणा गाँव कैसा लगा ? सुंदर, अति सुंदर—मैंने कहा। फौजी बोला—दो दिन पहले एक फौजी की यहाँ के लोगों ने पिटाई कर दी। वह एक भोटिया लड़की के पास जाता था। हमने लड़की के सारे परिवार को बंद कर दिया जब तक उन्होंने हमारी शर्तें नहीं मान लीं। हम 12 महीने उनकी संपत्ति की देखभाल के साथ आर्थिक मदद भी करते हैं। हमारी बिल्ली हमीं से म्याऊँ। फौजी नशे में था। पाप और पुण्य क्या है, मैं क्या कह सकता हूँ।

बारिश हल्की होने पर हम चल दिए। जगह-जगह झरनों का पानी सड़क पर आकर बह रहा था। बद्रीनाथ में आकर अगले दिन के लिए ऋषिकेश के लिए टिकट लिये व कमरे में आ गए। रात को हम वकील बाबा की कुटिया में थे।

बद्रीनाथ का मार्केट शिमला के माल रोड की रौनक लिये था। रंग-बिरंगी लाइट में बद्रीनाथ मंदिर व अलकनंदा की छटा निराली ही थी। मंदिर के घंटे का दिव्य नाद, अलकनंदा का शोर शरीर व आत्मा को प्रफुल्लित करता लगता था। एकांत में वकील बाबा की कुटिया, वकील बाबा व सुगंधित धूप का धुआँ ऋषियों की महान परंपरा का सूचक ही था।

वकील बाबा को अपना अनुभव बताया। वकील बाबा बोले—अरे ये साधु तो साक्षात् व्यास थे। कभी-कभी कुछ लोगों को उन्होंने इसी रूप में दर्शन दिए हैं। ईश्वर की महिमा का वर्णन करना सूर्य को दीपक दिखाने के समान ही है। निश्चित तुम्हारा रूपांतर हो गया है। भारत फिर दुनिया को आध्यात्मिक राह दिखाएगा। यह निश्चित समय जल्द ही आएगा।

वकील बाबा की आँखों से अश्रुधारा निकल रही थी। मैंने उनके चरणों में शरण ले रखी थी। वकील बाबा हमें निहार रहे थे। मैंने सेवा में कुछ अर्पण करना चाहा तो बोले–"भौतिक नहीं।" मुझे वचन दे कि दीन-दुखियों, दलित, सर्वहारा सभी वर्गों की सेवा में तन, मन, धन व अपनी साधना को लगा देगा।" ऐसे निस्वार्थ, समस्त मानवता की सेवा में रत दिव्य साधु की वाणी को अंतर्मन में धारण करके अपने कमरे में आ गए।

बद्रीनाथ से सुबह हमारी बस ने ऋषिकेश के लिए प्रस्थान किया। बद्रीविशाल, बद्रीनाथ भगवान की जय के नारों से गूँजती बस चलने लगी। कड़ाके की ठंड थी। बस में बैठा विचारों में खो गया कि सुंदरता वस्तु में नहीं होती, नजर की ऊँचाइयों में होती है। शरीर की आँखों से देखें तो बूँद बूँद है, पत्थर पत्थर हैं, पाखंड पाखंड है, अपूर्ण अपूर्ण है, लेकिन देखनेवाली आँख अंतर्दृष्टि से देखें तो बूँद ही नदी है, नदी ही समुद्र है, पत्थर ही हिमालय है, हिमालय ईश्वर अनुभूति, व दिव्यत्व का ही स्रोत है, पाखंड में सत्य भी है, अपूर्ण ही पूर्ण हैं। यात्रा पर निकलकर, गंभीर दृष्टि चाहिए केवल–

रूह लाहूत तक उड़े पहले,
तब कहीं साअते-विसाल आए।

आत्मा अनेक लोक, अनेक क्षेत्र, अनेक आकाश पार करके ही अंतिम स्थान पर पहुँचती है। अंतर्जगत की यात्रा करके ही सूक्ष्म ज्ञान, शक्ति व सत्यों को हम स्वयं अनुभव कर सकते हैं। समझ में आने लगा कि सृजन करने के लिए, साधारण भाव व भौतिक बुद्धि नहीं वरन् कदम-कदम पर कष्ट झेलते हुए निरंतर प्रवाहित होना पड़ता है। अपने को प्रगतिशील कहनेवाले लोग अंतर्यात्रा, अध्यात्म या योग की उड़ान को आत्म-प्रपंच, आत्म-छलना या कल्पनाएँ कह सकते हैं। क्योंकि अंतर्जगत की यात्रा प्रमाणातीत है। तर्क की कसौटी कर कसते ही संशय उत्पन्न हो जाते हैं। लेकिन हम विश्व के महान लोगों के जीवन को देखें, हमें दिखेगा कि गौतम, महावीर, राम, कृष्ण, मोहम्मद, मूसा, ईसा, कन्फ्यूशियस, सुकरात से लेकर आज गाँधी, आइंसटीन, टॉल्सटाय, रवींद्रनाथ, रूसो, रामकृष्ण परमहंस तक सभी ने स्वयं के अंतर की यात्राएँ

की थीं। अंतर्यात्रा ही महानता का स्रोत है। भौतिक शरीर की अपनी स्थूल आवश्यकताएँ हैं। भौतिक शरीर को भी सूक्ष्म मन, बुद्धि, चेतना व अवचेतना ही नियंत्रित करते हैं। प्राण ऊर्जा और चेतना के बगैर शरीर मिट्टी मात्र है। अपनी समस्त अंतर-ऊर्जाओं को नियंत्रित करके ही हम अवचेतन व ब्रह्मांड के अज्ञात रहस्यों को जान सकते हैं। प्रकृति के सभी जीवों के कल्याण में अपने ज्ञान को लगाना ही मुझे मनुष्य का शाश्वत उद्देश्य लगा।

हमारी बस जोशीमठ आ गई थी। यहाँ पर हमने आलूबुखारे, केले लिये। बस की यात्रा के साथ मेरे ध्यान में भी विचार तेजी से चल रहे थे। देवप्रयाग में अलकनंदा व भागीरथी का संगम होता है। आगे का जल-प्रवाह गंगा कहलाता है। ऋषिकेश पहुँचकर हम हरिद्वार आ गए। सुबह हर की पैड़ी पर स्नान करके बैठ गए। बहुत सारे लोगों ने हाथों में रसीद बुक ले रखी थी। ईश्वर, गंगा के नाम पर ये लोग यात्रियों से रुपए लेकर रसीद दे रहे थे। यहाँ पर ईश्वर, दान के रूप में पाखंड के फिर दर्शन किए। पता चला कि ठेकेदार के साथ-साथ बहुत सारे लोगों को रोजी-रोटी मिल जाती है। धर्म के नाम पर व्यापार सर्वत्र दिखाई दे जाता है। तीर्थयात्रियों को भी पता चल जाता है लेकिन वे तीर्थ पर दान देना अपना कर्त्तव्य समझते हैं। धर्मशास्त्रों ने दान की महिमा जो बताई है। अचानक गालिब का कलाम याद आया—

गो न समझूँ उसकी बातें, गो न पाऊँ उसका भेद,
पर ये क्या कम है कि मुझसे वो परी-पैकर खुला।

उसकी सृष्टि का भेद नहीं समझ सकता, उसकी लीला वही जाने, उसका विधान मेरी समझ से परे है लेकिन यह क्या छोटी बात है कि मेरा प्रिय से, ब्रह्म से संवाद होने लगा है। यही क्या कम उपलब्धि है। अंत में उन सभी अरिहंतों (पैगंबर, ईश्वर पुत्र, अवतार) सिद्धों, आचार्यों, उपाध्यायों व साधुओं को नमन किया जो अतीत में कभी थे, वर्तमान में हैं तथा भविष्य में होंगे। साथ ही तुलसीदास की तरह मैंने भी सभी असाधुओं से प्रार्थना की कि आप कृपया मेरे मार्ग में अवरोध उत्पन्न न करें। सहज रहते हुए, लेटकर, बैठकर मैं किसी भी अवस्था में ध्यान करता रहूँ। देह-धर्म और आत्मा-धर्म में संतुलन कायम रख सकूँ यही मेरी कामना है।

●●●